쓰고 싶은 기분

쓰고 싶은 기분

2025년 12월 10일 초판 1쇄 펴냄

글 채인선

편집 김양희
디자인 윤현이
펴낸곳 도서출판 소소
주소 경기도 성남시 분당구 느티로 70, 2층 205호
출판등록 제2025-000152호
이메일 kimyanghee_nolkungri@naver.com

ⓒ 채인선, 2025
ISBN 979-11-995309-0-4   03810

◦ 그림책 원고의 저작권은 각 권에 있습니다.
◦ 신저작권법에 따라 한국 내에서 보호받는 저작물이므로 무단 전재와 복제를 금합니다.

◦ 책 값은 뒤표지에 있습니다.
◦ 잘못 만들어진 책은 바꾸어 드립니다.
◦ 도서출판 소소는 도서출판 놀궁리의 도서 브랜드입니다.

쓰고 싶은 기분

채인선

그림책에서 길어 온

아름다운 문장들

| 서문 |

쓰고 싶은 마음은 얼마나 소중한가

이로써 그림책에 진 빚은 어느 정도 갚았을까. 작가의 길로 들어서게 된 것에는 이 세상 그림책들의 헌신이 있었기 때문이다. 나는 두 딸들에게 책을 읽어 주다가 작가가 되었다. 그 책의 맨 앞에 그림책들이 있었다. 그 후에도 늘 그림책들은 내 책상에 놓이고 책장에 꽂히고 있다. 지금은 손주들에게 그 책들을 읽어 주고 있으니 나는 여전히 그림책과 함께하고 있다.

나는 수십 편의 그림책 원고를 썼다. 그런데 그 원고들이 책으로 만들어지면서부터 그림책은 내게 사랑을 다 주지 못한 아픈 손가락이 되었다. 어느 정도는 그림 때문인 것 같다. 그림책은 그림을 그리지 않는 글 작가에게는 미완의 완성품이다. 최선을 다해도 채워야 할 물통의 반은 내가 채울 수 없다. 더할 나위 없이 멋진 그림책으로 탄생하였다 해도 내 사랑으로 온전히 채워진 것이 아니어서 그런지 마음 한구석이 움츠러들었다. 그림에 대한 질투도 아니고 그림과의 공존을 거부하는 마음이 있어서도 아니다. 그보다는 더 주고 싶은데 더 줄 수 없는 데서 오는 아릿한 상실감이 더 적절한 낱말 같다.

『쓰고 싶은 기분』을 마무리하면서 나는 이 감정이 다른 것으로 넘어가는 것을 느꼈다. 동시에 상실감이 일종의 소유욕이었음을 알게 되었다. 이제는 그저 감사할 뿐이다. 그림책이 나에게 준 것을 갚을 수 있는 방법을 찾은 것 같기 때문이다. 그리고 여기에 또 하나, 공유의 기쁨이 있다. 내 마음속 그림책 서재를 다른 사람들과 공유하는 데에서 오는 기쁨이다. 이 책이 많은 사람들의 손에 닿았으면 하는 바람이 불쑥 생긴다. 내 블로그 '채인선의 이야기 정원'에는 더 많은 그림책들이 소개되어 있다. 『쓰고 싶은 기분』은 다 읽고 (쓰고) 나서, 뭔가 더 읽고 (쓰고) 싶다면 내 블로그를 방문하기를. 처음에는 다 싣지 못해서 아쉬웠지만 덕분에 『쓰고 싶은 기분』이 가벼워졌으니 홀가분하다. 그저 첫걸음으로 생각하면 되니까.

돌이켜 보면 그림책이 내게 준 가장 큰 선물은 '쓰고 싶은 마음'이었다. 쓰고 싶은 기분은 얼마나 소중한가. 우리 인류는 쓰는 동물이다. 자기만의 생각을 자기만의 문장으로. 우리가 무언가를 읽는 것은 쓰기 위해서이다. 읽는 것만으로는 자기 것이 되기엔 부족하다. 씀으로써 자기 것이 된다. 쓰지 않는다면 우리는 그저 이 세상을 구경만 하다가 갈 것이다. 자기 마음 안으로 한 번도 들어가 보지 못한 채. 자기 마음 안으로 한 번도 들어가지 못한 채 세상으로 나아간다고? 그게 바로 구경이다. 문득 내가 구경만 하고 있다는 기분이 든다면 이제부터라도 쓰기를. 쓰고는 싶은데 뭘 써야 할지 모르겠다면 이 책을 펼쳐 보라. 읽고 따라 쓰고, 읽고 따라 쓰고, 읽고 따라 쓰다가 마침내 쓴다.

『쓰고 싶은 기분』은 필사용 책이지만 따라 쓰는 페이지 뒤에 비어 있는 페이지가 붙어 있다. 그림책 에세이를 읽고 인용문을 따라 쓰고 나면 분명 당신의 마음에는 어떤 사념이 일렁일 것이다. 그것들을 잠자리채로 잡아서(다른 도구를 사용해도 된다) 비어 있는 페이지에 붙여 놓기를. 일기처럼 써도 되고 편지처럼 써도 된다. 여기 있는 에세이처럼 써도 좋다. 단 한 줄, 단 한 문단이어도 상관없다. 물론 다 채우지 않아도 괜찮다. 중요한 것은 계속 쓰는 것이다. 연필이나 볼펜을 쥐고 써 내려가는 자신을 인식하는 것, 이것이 당신들에 대해 이 책이 가지는 바람이다. 당신이 쓴 글은 당신의 지문과 같다. 글씨체를 포함해서. 점점 잃어 가는 나의 정체성과 흐릿

한 존재감을 '쓰는 일'로 되살릴 수 있다. 그저 쓰고 싶은 기분만으로도 우리는 뭔가 우리 자신을 꽉 움켜쥐고 있는 느낌이 들지 않는가. 벌써 주변을 살피며 필기구를 찾고 있는 당신들이 보인다.

채인선

| 차 례 |

서문 ____ 쓰고 싶은 마음은 얼마나 소중한가

1부 ____ 누군가 농담이랍시고 킬킬댄다면

누군가 농담이랍시고 킬킬댄다면 『제자리를 찾습니다』 ____ 14
울다가 웃는 명랑함은 어디에서 올까? 『리디아의 정원』 ____ 20
더 중요한 것을 위해 내려놓을 용기 『메두사 엄마』 ____ 28
어둠을 쫓아 버리는 일 『페페 가로등을 켜는 아이』 ____ 34
마음 한 귀퉁이를 치우고 『엄마의 의자』 ____ 40
팔다리를 마구 휘저어야 할 때 『용감한 아이린』 ____ 46

2부 ____ 천사가 어머니를 데리러 왔기를

천사가 어머니를 데리러 왔기를 『작은 죽음이 찾아왔어요』 ____ 54
먼지와 시간에게 도움을 청해 볼까 『도토리 껍질 속의 죽음』 ____ 60
어른의 역할은 죽는 것이다 『나는 죽음이에요』 ____ 66
너무 울고 싶을 때 『너무 울지 말아라』 ____ 72
크리스마스에도 밖에 나가고 싶지 않다면 『마르게리트 할머니의 크리스마스』 78
춤을 추어라, 계속계속! 『춤추는 고양이 차짱』 ____ 84

3부 ____ 우리가 살아갈 하루는 언제나 오늘!

우리가 살아갈 하루는 언제나 오늘! 『날마다 멋진 하루』 ____ 92
익숙하고 다정한 것들 『중요한 사실』 ____ 98
마음이 낯선 낱말들 사이를 서성일 때 『당신의 마음에 이름을 붙인다면』 104
지나간 것은 지나간 대로 『강물이 흘러가도록』 ____ 110
한가로이 살다가 한가로이 죽으리 『작은 집 이야기』 ____ 116
기가 막히게 맛있는 수프를 룸서비스 받고 싶다면 『레프론 씨의 수프』 122
우린 가라앉지 않아 『작은 배』 ____ 128

4부 감정들의 사생활이 궁금하다면

감정들의 사생활이 궁금하다면 『감정은 무얼 할까?』 136
슬픔의 방어카드가 필요할 때 『슬픔을 치료해 주는 비밀 책』 142
불현듯 뭔가를 잃어버린 느낌이 든다면 『잃어버린 영혼』 148
햄스터를 키워야 하나? 『회색 아이』 154
내 안의 어두운 충동 『그림자』 160

5부 영영 작별하지 않는 법

영영 작별하지 않는 법 『나비가 찾아왔어』 168
사랑법은 다르지만 사랑은 다 같다 『사랑한다는 걸 어떻게 알까?』 174
외로움이 또 다른 외로움을 만날 때 『안아 줘도 되겠니?』 180
내일의 집에 살고 있는 우리들 『예언자』 186
기억나니? 그때 그런 일이 있었잖아 『부엉이와 보름달』 192

6부 우리가 떠나온 곳은 어디인지

우리가 떠나온 곳은 어디인지 『사슴아, 내 형제야』 200
소로의 세 번째 의자 『월든』 206
우리는 누구나 강물처럼 말한다 『나는 강물처럼 말해요』 212
스위치로 밤을 켜면 『밤을 켜는 아이』 218
당장 나무를 심으러 가야지! 『나무는 좋다』 224
책은 이토록 소중한 것 『꿈을 나르는 책 아주머니』 230
올바른 행동을 함으로써 『세 가지 질문』 236
어렵다고 못 할 건 없잖아 『세상을 다시 그린다면』 242
그 무엇에도 지지 않고 『비에도 지지 않고』 248
고요하게 지구가 돌기 위해서는 『그날 아침, 여행이 시작되었습니다』 256

1부

누군가 농담이랍시고

킬킬댄다면

누군가 농담이랍시고 킬킬댄다면 『제자리를 찾습니다』

울다가 웃는 명랑함은 어디에서 올까? 『리디아의 정원』

더 중요한 것을 위해 내려놓을 용기 『메두사 엄마』

어둠을 쫓아 버리는 일 『페페 가로등을 켜는 아이』

마음 한 귀퉁이를 치우고 『엄마의 의자』

팔다리를 마구 휘저어야 할 때 『용감한 아이린』

누군가 농담이랍시고 킬킬댄다면

그림책 『제자리를 찾습니다』의 제목은 자못 진지한데 표지 그림에는 한 할아버지가 돗자리처럼 보이는 연못을 둘둘 말아 어깨에 메고 어디론가 가고 있다. 언뜻 보면 연못처럼 보이는 돗자리이다. 가장자리 올이 풀려 지저분해 보이는 돗자리.

연못이 좋아 연못가에서 살며 연못을 정성껏 가꾸던 할아버지에게 어느 날 땅 주인이 나타나 당장 떠나라고 한다. "아니, 그럼 연못은요?" 하고 묻자 "그렇게 마음이 쓰이면 가져가세요!"라고 말하며 농담이랍시고 킬킬댄다. 보통 사람이라면 "뭐라고?" 하며 화를 낼 텐데 할아버지는 주인 말마따나 못 데려갈 것도 없지, 하며 행동에 나선다. 연못을 가져간 것이다. 그다음은 고생의 연속, 하지만 해피엔딩이다. 연못도 제자리를 찾았고 할아버지도 제자리를 찾았다. 덤으로 할아버지에게는 든든한 여자친구도 생긴다.

책을 덮고, 세월이 흐른(나는 할아버지가 여자친구와 좀 더 오래 함께 있기를 바란다.) 어느 날 할아버지가 마지막 숨을 거둘 때를 생각해 본다. 그때 다시 땅 주인이 나타나 당장 떠나라고 말하기를! 그러면 할아버지는 "아니, 그럼 연못은요?" 하고 묻겠고 그는 "아이고, 그렇게 마음이 쓰이면 가져가세요!" 하고 대답하기를.

『제자리를 찾습니다』 막스 뒤코스 글 그림

(이번에는 킬킬댈지언정 농담이랍시고 말하진 않을 것이다.) 할아버지는 그러면 못 할 것도 없지, 하고는 연못을 둘둘 말아 자기 옆에 누이고는 저세상에서 연못을 예쁘게 가꿀 생각에 기분 좋게 눈을 감겠지. 여자친구에게는 "내가 먼저 가서 자리를 잡아 놓겠소."라고 말하며. 하던 일을 계속할 수 있는 게 천국이다. 할아버지의 연못은 무한대로 늘어나 하늘을 덮을지도 모른다.

누군가 어처구니 없는 농담을 하며 나를 도발할 때(좋게 생각해 동기부여라고 하자) "못 할 것도 없지." 하며 행동에 나서는 모습, 멋지다 못해 훌륭하다. 그게 내가 간절히 원하는 일이라면, 누군가를 위하는 일이라면, 설사 실현되지 못하더라도 패배한 것은 아니다. 죽을 때까지 실현되지 못하면 저세상에 가서 마저 하면 된다. 애정과 열정은 저 세상, 이 세상 구분 없이 이어지며, 중요한 것은 꺾이지 않는 마음이다.

할아버지는 어떻게 해야 할지 눈앞이 캄캄했어요.

다음 날, 할아버지는 소매를 걷어붙였어요.
집주인 말마따나 못 데려갈 것도 없으니까요.
연못을 남겨 두고 혼자 떠날 순 없었어요.

그래서 연못을 돗자리처럼 돌돌 말아
기차역까지 들고 갔답니다.

『제자리를 찾습니다』
막스 뒤코스 글 그림 | 이세진 옮김 | 국민서관

설사 실현되지 못하더라도 패배한 것은 아니다.

울다가 웃는 명랑함은 어디에서 올까?

조카로 삼고 싶은 아이가 있다. 『**리디아의 정원**』 맨 마지막 문장에 나오는 리디아의 말, "우리 원예사들은 절대로 일손을 놓지 않아요, 그렇죠?"를 읽자마자 그런 욕구를 강하게 느꼈다. 만약 이 아이가 실제로 있다면 이렇게 편지를 썼을 것이다.

원예사 리디아에게

할머니께 들었는지 모르겠지만 너에게는 오랫동안 소식을 전하지 못한 이모가 하나 있단다. 그게 바로 나야. 왜 소식을 못 전했는지는 언제 비오는 날에(비가 오면 꽃밭 일을 못 한다는 걸 알고 있지) 할머니에게 비밀스럽게 물어보렴.

이렇게 편지를 쓰는 까닭은 너의 이야기, 『**리디아의 정원**』을 읽고 나니 너를 꼭 한번 만나고 싶은 마음이 들어서란다. 우리 집 정원도 꽤 넓고 나에겐 정원 일을 거들 사람이 필요한데 네가 좀 와 주면 좋겠다 싶어서. 네가 와서 거들어 준다면 내가 죽은 후에 이 정원을 너에게 물려줄 생각이다. 네 아버지가 이제 취직을 해서 형편이 나아졌다는 건 알지만 넓디 넓은 정원을 혼자 가꾸기도 외롭고, 내가

『리디아의 정원』 사라 스튜어트 글 | 데이비드 스몰 그림

　죽은 후 어떤 무정한 사람이 이곳을 엉망으로 만들까 봐 지금부터 걱정이 되는구나. 너무 걱정스러워 죽어야 하는 날에 눈을 제대로 감을 수나 있을지 모르겠다.

　네가 오지 않는다면 나는 『제자리를 찾습니다』의 땅 주인을 불러 "아이고, 그렇게 마음이 쓰이면 가져가세요!"라고 말해 달라고 간청해야겠지. 그러면 나는 '못 할 것도 없지!' 하고는 이 넓은 정원을 이리 접고 저리 접어 책으로 꿰어서 들고 갈 작정이지만 이게 실제로 가능할지……. 너의 답장을 기다린다.

2024년 9월 8일 낯선 곳의 이모로부터

　내 윗세대에서는 리디아처럼 가까운 친척집에 맡겨진 아이들이 종종 있었다. 형편이 더 안 좋으면 식모나 머슴으로 아무 집에나 보내졌고 그러다 영영 가족과 만나지 못해 고아 아닌 고아가 된 경우도 그리 드물지 않았다. 리디아는 얼마 안 돼 가족에게 돌아가니 다행이다.

어린 시절의 가난은 한 사람의 영혼에 평생 지울 수 없는 흉터를 남긴다. 어른이 되어 남부럽지 않게 부를 누린다 해도 그때의 궁핍함은 쉬 채워지지 않는다. 그런데 리디아는 가난이 들이닥치기 전에 꽃을 먼저 가슴에 품지 않았을까. 꽃을 잘 키워 내는 능력도.

정원 일을 하면 알게 되는 것이 있다. 상황은 늘 바뀌고 변화한다는 것이다. 겨울이 지나면 봄이 오고, 봄이 지나면 또 여름이 온다. 비는 그칠 때가 있고 힘든 시기도 끝이 있다. 그것을 알기에 리디아는 그토록 명랑했던 게 아닐까.

리디아를 외삼촌네로 보내기로 결정하면서 가족들은 모두 운다. 하지만 외삼촌과 엄마의 어릴 적 얘기를 하면서 다 같이 웃고 만다. 지금 우리에게 벌어지는 일들이 다 울고 싶은 일뿐이라 해도 어릴 적 한 번이라도 행복했던, 정신없이 뛰놀았던 추억이 있다면 우리는 이렇게 웃을 수 있는데……. 회복탄력성은 어릴 적의 행복으로 만들어지는 것 같다. 핵심 기억이라고 부르나? 나는 그저 명랑함이라고 말하고 싶다.

명랑한 리디아는 빵 가게 일을 도우며 거의 웃지 않는 외삼촌을 웃게 할 놀라운 일을 꾸민다. 절대로 일손을 놓지 않는 원예사답게

버려진 옥상을 꽃들이 만발한 화원으로 만든 것이다. 이에 외삼촌은 커다란 케이크를 들고 나타나 되려 리디아를 놀라게 한다. 그런데 그 케이크, 꽃으로 뒤덮여 있던데 나도 나눠 먹으면 안 될까? 옥상 파티에 오랫동안 소식을 전하지 못한 이모로서 내가 초대된다면 무척 기쁠 것 같다. 케이크도 나눠 먹고 그들의 명랑함도 나눠 받고 싶다.

보고 싶은 할머니.

꽃씨랑 알뿌리에서 싹이 돋았어요.
"4월에 단비가 내리면 5월에는 꽃이 만발하지." 하고
말씀하시는 할머니 목소리가 들리는 듯합니다.
엠마 아줌마와 빵가게를 청소하면서 짐 외삼촌을
깜짝 놀라게 할 "어마어마한 음모"를 꾸몄어요.
외삼촌은 제가 편지를 읽거나, 화분에 꽃씨를 심거나,
학교에 가거나, 숙제를 하거나,
마룻바닥을 쓰는 건 보실 수 있습니다.
하지만 비밀 장소에서 일을 꾸미는 건
절대로 보실 수 없습니다.

1936년 4월 27일
모두에게 사랑을 담아서, 리디아 그레이스

추신 : 짐 외삼촌이 함빡 웃을 만한 계획을 짜고 있어요.

『리디아의 정원』
사라 스튜어트 글 | 데이비드 스몰 그림 | 이복희 옮김 | 시공주니어

정원 일을 하면 알게 되는 것이 있다. 상황은 늘 바뀌고 변화한다는 것이다.
겨울이 지나면 봄이 오고, 봄이 지나면 또 여름이 온다.
비는 그칠 때가 있고 힘든 시기도 끝이 있다.

더 중요한 것을 위해 내려놓을 용기

　이런 엄마가 있다. 카페에 앉아 책을 읽는 딸에게 자꾸 핸드폰을 들이댄다. 바로 앞에서도 찍고 각도를 달리해서 다시 찍는다. "싫어! 찍지 마!"라며 청소년 딸은 질색을 하는데 엄마가 애원한다. "다 찍었어. 근데 눈을 감았네. 한 번만 더!" 찰칵! 핸드폰 엄마이다. 사진을 찍어 바로바로 어디에 올리며 자랑스러워한다. 앞에 앉은 딸을 자랑스러워하는 게 아니라 사진을 자랑스러워하는 것이다.

　포크 엄마도 있다. 패스트푸드 점에서 만난 이 엄마는 아이에게 계속해서 무언가를 먹인다. "그만 먹을 거야. 배불러. 안 먹어!" 하는데도 엄마는 아이 앞에 무언가를 놓아 주고 포크로 음식을 찍어 입에 들이댄다.

　문제집 엄마도 있다. 도서관에 문제집을 잔뜩 가져와서는 하나하나 풀라고 하는 엄마. 아이는 착실하게 문제집을 풀고 있는데 엄마는 핸드폰만 들여다본다. 아이가 하품을 하고 기지개를 켜자 "그거 다 풀면 음료수 사 줄게." 하고는 다시 핸드폰을 본다.

　『메두사 엄마』에 나오는 엄마는 머리칼 엄마이다. 이 엄마의 머리칼은 무엇이든 된다. 침대도 되고 이불도 되고 타고 다니는 말도 된다. 메두사 엄마는 긴 머리칼로 어린 딸 이리제를 번쩍 들어올려

『메두사 엄마』 키티 크라우더 글 그림

나무 높이 있는 새 둥지까지 보여 준다. 그런데 머리칼로 해결되지 않는 것이 하나 있다. 책이다. 천하무적 최대 막강 메두사 엄마라도 책은 사 주어야 한다. 또 하나 안 되는 것이 있는데, 또래 아이들과 어울리기이다. 이리제는 창가에 앉아 해변에서 노는 아이들을 바라보며 학교에 가고 싶어 한다. 머리칼은 엄마의 것이고 엄마의 세계일 뿐, 이리제의 세계는 아니기 때문이다. 학교에 가도 되냐고 묻는 이리제에게 엄마는 성난 얼굴을 내보인다. 그렇다면 메두사 엄마는 이리제를 영원히 가두어 둘 생각인가? "너는 나의 진주야. 내가 너의 조가비가 되어 줄게."라고 구슬리며?

　머리칼이라면 누구에게도 지지 않을 라푼젤도 결국에는 머리칼을 잘랐다. 메두사 엄마도 학교에 따라오지 말라는 이리제의 말에 큰 결심을 한다. 핸드폰 엄마도, 포크 엄마도, 문제집 엄마도 머지않아 결심을 하리라. "뭣이 중한디!" 하는 외침이 들리지 않는가. 머리칼밖에 없던 엄마가 머리칼을 자른 것은 무엇이 더 중한지 알고 있어서이다. 더 중요한 것을 위해 덜 중요한 것을 내려놓는 용기, 그것이 이 책이 주는 메시지이다. 사실, 머리칼은 계속 자란다. 지금 자른다고 해서 영영 대머리가 되는 것도 아니다.

이리제는 날마다 창문으로
해변에서 노는 아이들을 바라봤어요.

"이리제, 말타기할래?"
"아니요, 책 읽을래요."
이리제가 한숨을 쉬며 대답했어요.

"너 학교에 가고…… 싶니?"

『메두사 엄마』
키티 크라우더 글 그림 | 김영미 옮김 | 논장

/   /

더 중요한 것을 위해 덜 중요한 것을 내려놓는 용기,
그것이 이 책이 주는 메시지이다.

― 나의 문장 ―

어둠을 쫓아 버리는 일

어둠을 쫓아 버리고 불을 켜는 행위는 그 자체로 숭고하기에 덧붙일 말이 없다. 그런데 가난한 이민자 가정의 아이 페페가 불을 켜는 것에는 숭고함 위에 서글픈 아름다움이 얹어진다. 어머니는 돌아가시고 아버지는 아파서 일을 못하고 누이들이 많은 것이 페페의 사정이다. 일을 찾아다니지만 일할 곳이 없는 것, 겨우 얻는 일마저 아버지가 창피하다며 반대하는 것이 페페의 서글픔이다. 나중에 아버지는 마음을 풀고 페페에게 도리어 "제발 불을 켜다오."라고 말하지만 페페의 마음은 이미 서글픔을 알고 말았다. 그러나 아름다움이 있다. 페페는 어둠 속에서 떨고 있을 어린 동생 아순타를 위해 집을 나서고 마침내 마지막 가로등에서 아순타를 발견한다. 아순타가 말한다. "오빠는 어둠을 쫓아 버리잖아." 동생 아순타가 페페의 일이 얼마나 멋진 일인지 인정해 준 셈이다. 『페페 가로등을 켜는 아이』의 이야기이다.

가난과 실업은 누구나 한 번쯤 겪는 문제이지만 이민자 가정의 경우는 마음을 더 아리게 한다. 초대하는 사람도 없고 환대하는 사람도 없는 곳에서 가족을 부양하고 어린 자녀를 보살펴야 한다. 마음속에 소외와 고립의 바람이 이리저리 부는데 가난까지 달라붙는

『페페 가로등을 켜는 아이』 일라이자 바톤 글 | 테드 르윈 그림

다면, 안전까지 위태롭다면……. 문득 길에 서 있는 이민자들, 난민, 집시나 방랑객, 떠돌이의 존재가 눈에 보인다. 하지만 우리 인류는 만 년 전 정착생활을 하기 전까지는 이들처럼 떠돌아다녔다. 무려 몇 십만 년 동안! 우리 인류의 유전자는 유랑의 정서를 기억하고 있다. 페페의 서글픈 아름다움에 눈물짓는 것은 이 때문이다.

내 마음에도 불을 켜야 할 때가 있다. 언제 불을 켜야 할지 몰라 어물쩍거리다가는 그대로 어둠에 파묻힐 수도 있다. 그때 페페가 나타나 "지금이 불을 켜야 할 때입니다."라고 말하면서 번쩍 하고 불을 켜 준다면! 어쩌면 간단한 행위(예를 들면 일어나 맨손체조를 하거나 고양이에게 맛난 간식을 주는 것)로 어둠을 쫓아 버릴 수 있을지 모른다.

어쨌든 뇌리에 새기자! 어둠은 쫓아 버릴 수 있다는 것을, 아름다움은 서글픔을 이길 수 있다는 것을. 이겨 낼 수 있는 힘은 현실의 불행이나 가난 따위가 얼씬도 못할 만큼 숭고한 일을 하는 것에서 나온다. 간절한 염원이 담겨 있는 일은 다 숭고하다.

"지울리아를 위해 이 불을 켭니다.
결혼을 잘하게 해주세요…….
아델리아를 위해 이 불을 켭니다…….
좋아하는 드레스를 갖게 해 주세요…….
니콜리나를 위해 이 불을 켭니다.
과자 공장에서 일할 수 있게 해 주세요…….
안젤리나를 위해 이 불을 켭니다.
장갑 꿰매는 일거리가 많이 생기게 해 주세요.

(……)

저를 위해 이 불을 켭니다.
앞으로도 계속 도메니코 아저씨를 도와
가로등 켜는 일을 할 수 있게 해 주세요."

『페페 가로등을 켜는 아이』
일라이자 바톤 글 | 테드 르윈 그림 | 서남희 옮김 | 열린어린이

뇌리에 새기자! 어둠은 쫓아 버릴 수 있다는 것을,
아름다움은 서글픔을 이길 수 있다는 것을.

마음 한 귀퉁이를 치우고

— 에세이의 문장 —

　아이를 홀로 키우는 엄마의 삶은 고단할 수밖에 없다. 여성들의 임금은 전문직이 아닐 경우, 남성들 임금의 칠십 퍼센트에도 미치지 못한다. 이런 불평등이 오래도록 지속되고 있다는 것이 기이할 따름인데, 불의는 아니지만 개선이 필요하고 빨리 개선되지 못한다면 여성들에게 양해를 구할 일이라고 생각한다. 하긴 사회적 불평등이 여성에게만 집중되는 건 아니다. 여성들이 상대적 불평등을 느낄 수밖에 없는 건 사실이지만 나는 내 딸들이 어떤 사안에 대해 상대적이 아닌 보편적인 인식을 갖기를 바란다. 상대적인 것과 싸움을 벌이면 항상 을의 심정이 되기 때문이다.
　개선은 대체로 빨리 이루어지지 않는다. 천천히 점진적으로, 그러다 임계점에 도달하면 순식간에 바뀐다. 베를린 장벽이 한순간에 무너진 것처럼 말이다. 그럼 그때까지는 무얼 하고 있어야 하나. 열심히 일하고, 실력을 쌓고, 가족을 부양하고, 불평등을 인식하고……. 이런 건 기본이다. 『**엄마의 의자**』를 읽고 나서 내가 강렬하게 느낀 것은 우선 의자라도 있어야겠다는 것이다. 정말이지 당장에 의자를 사고 싶었다. 버지니아 울프는 여성이 글을 쓰려면 자기만의 방이 있어야 한다고 했는데, 방을 하나 더 늘리는 것은 요원한

『엄마의 의자』 베라 윌리엄스 글 그림

일이니 우선 의자라도! 하지만 사지 못했다.

　의자는 단순히 기능적인 어떤 가구가 아니다. 누군가를 품어 주고 안아 주기 위해 비어 있는 물건이다. 의자는 겸손하고 품위 있고 말없이 기다려 준다. 그리고 둘레에는 여백이 있어야 한다. 의자가 놓일 자리도 필요하고 의자에 앉아 쉴 수 있는 한가한 시간도 필요하다. 혼자만 앉는 의자이니 방해받지 않을 만큼의 (다른 의자와의) 거리도 필요하다. 의자는 앞을 향하고 있으니 전망도 좋아야 한다. 이런 요건들이 갖추어져야 비로소 의자를 들여놓을 수 있다.

　『엄마의 의자』는 여성 가족 삼대의 따뜻한 가족애를 담고 있지만 상대적이 아닌 보편적인 눈으로 본다면 우리 모두에게 여백 있는 삶을 꿈꾸게 한다. 우선 마음 한 귀퉁이를 치우고 거기에 여백을 들여놓자. 마음에 여백이 있어야 내 삶에도 여백이 생긴다. 마음이 잘 치워지지 않는다면 이 책의 마지막 문장을 따라 쓰며 책 속의 엄마의 의자에 살짝 앉아 보기를. 쓰다 보면 어느덧 당신의 마음에도 엄마의 의자와 비슷한 의자 하나가 자리하겠지. 거기 앉아서 잠시 쉬고 나면 마음을 치우고 방을 치울 기운을 얻게 될 것이다.

이제 낮에는 할머니가 이 안락 의자에 앉아

지나가는 사람들과 이야기를 나누십니다.

저녁에는 엄마가 식당 일을 마치고 돌아와

여기에 앉아 텔레비전 뉴스를 보십니다.

저녁을 먹은 다음엔 내가 엄마랑 같이 이 의자에 앉습니다.

내가 엄마의 무릎에 안겨 잠이 들면,

엄마는 나를 안은 채 팔을 뻗어 불을 끌 수도 있답니다.

『엄마의 의자』
베라 윌리엄스 글 그림 | 최순희 옮김 | 시공주니어

우선 마음 한 귀퉁이를 치우고 거기에 여백을 들여놓자.
마음에 여백이 있어야 내 삶에도 여백이 생긴다.

팔다리를 마구 휘저어야 할 때

|에세이의 문장|

만약 내게 평행우주나 다중우주의 행운이 허락된다면 다른 세상에서 윌리엄 스타이그가 되고 싶다. 그는 글과 그림이 각각 다 뛰어난 천재적인 스토리텔러이다. 그의 팔레트에는 갖가지 색깔 외에 천진스러움, 해학, 위트가 놓여 있다. 그는 언어와 붓으로 이것들을 자유자재로 쓴다. 무엇보다도 내가 부러운 것은 그의 용감함과 투지이다. 사랑스러운 어린아이를 눈보라 속으로 내보내는 것을 보면 알 수 있다. "가 봐! 괜찮아! 죽을 만큼 힘들지만 죽지는 않아."라고 하면서. 생각해 보니 그는 주인공들에게 자기와 같은 옷을 입힌다. 여기에다가 소중한 무언가를 지키는 마음까지.

이 모든 미덕을 갖춘 **『용감한 아이린』**의 주인공 아이린은 자기 몸보다 더 큰 옷 상자를 들고 눈보라 치는 길로 나선다. 엄마가 밤새 만들어 놓은 드레스를 공작 부인에게 갖다 드려야 하기 때문이다. 눈보라는 점점 거세어진다. 바람이 사정없이 눈을 흩뿌리며 "집으로 가라, 아이린! 집으로 돌아가란 말이다아아아……." 하며 가로막지만 아이린은 "싫어, 절대 돌아가지 않을 거야, 이 못된 바람아!"라고 맞선다. 골이 난 바람이 옷 상자를 휙 열어 드레스를 낚아채자 아이린은 눈물이 솟구친다.

『용감한 아이린』 윌리엄 스타이그 글 그림

아이린의 고생은 여기서 끝나지 않는다. 빈 상자를 들고 계속 나아가는데 몸이 얼어붙는다. 길까지 잃어버려 어디가 어딘지 분간이 안 되는데 날이 저물고 만다. 낭떠러지에서 떨어져 눈에 파묻혔을 땐 그냥 얼어죽고 싶은 심정이다. 그럼 이 고생도 끝나겠지 하며.

하지만 아이린은 오기가 났다. 화가 부글부글 났다. 아이린은 이렇게 생각했을 거다. '하찮은 바람 때문에 엄마를 포기한다면 그건 말이 안 돼!'

우리도 오기를 낼 필요가 있다. 나를 위험에 빠트리는 것에 쉽게 굴복하는 건 나에 대한 예의가 아니다. 용감하게, 화를 부글부글 내며 팔다리를 마구 휘저을 필요가 있다. 그것이 투지 아닐까. 윌리엄 스타이그도 팔다리를 마구 휘저어 여러 편의 명작을 남겼다. 우리도 팔다리를 마구 휘저어 여러 편의 명작을 남겨야 한다. 명작이라고? 자신이 한 행동의 결과가 명작이다.

하지만 그렇게 되면 다시는 엄마를 못 볼 텐데?
갓 구운 빵 냄새가 나는 사랑하는 엄마를!
아이린은 갑자기 화가 부글부글 끓어올랐어요.
팔다리를 마구 휘저었지요.
드디어 눈구덩이에서 빠져나왔어요.

『용감한 아이린』
윌리엄 스타이그 글 그림 | 김영진 옮김 | 비룡소

우리도 오기를 낼 필요가 있다. 나를 위험에 빠트리는 것에
쉽게 굴복하는 건 나에 대한 예의가 아니다.

2부

천사가 어머니를

데리러 왔기를

천사가 어머니를 데리러 왔기를 『작은 죽음이 찾아왔어요』

먼지와 시간에게 도움을 청해 볼까 『도토리 껍질 속의 죽음』

어른의 역할은 죽는 것이다 『나는 죽음이에요』

너무 울고 싶을 때 『너무 울지 말아라』

크리스마스에도 밖에 나가고 싶지 않다면 『마르게리트 할머니의 크리스마스』

춤을 추어라, 계속계속! 『춤추는 고양이 차짱』

천사가 어머니를 데리러 왔기를

『작은 죽음이 찾아왔어요』에서 엘스와이즈는 자신을 찾아온 죽음에게 "드디어 왔군요!"라며 환히 웃는다. 이렇게 반가워하는 걸 보고 작은 죽음은 당황해한다. 대부분의 사람들이 죽음을 두려워하기 때문이다. 대체 어떤 사연일까.

내 어머니의 말년은 통증과 진통제의 시간이었다. 결국 대구의 한 대학병원 호스피스 병동에 입원했는데, 어느 날 어머니는 딸기를 맛나게 드시면서 통증도 없으니 다 나은 것 아니냐며 어서 집에 가자고 했다. 콧등이 시큰했지만 나는 정색을 하고는, 이제 어머니가 돌아갈 집은 지상에는 없다고 했다. 곧 하늘의 집에 가게 될 거라고. 어머니는 나를 잠깐 쏘아보고는 고개를 돌려 한숨을 내쉬었다. 내가 말을 이었다. "엄마는 평생 최선을 다해서 살아왔으니까 하느님이 엄마 자리를 딱 만들어 놓았을 거야. 먼저 가서 내 자리 만들어 놓고 있어. 나는 얼렁뚱땅 살아서 엄마가 만들어 놓지 않으면 내 자리는 없을걸?" 그러자 어머니는 처음 표정으로 돌아와 "그건 그렇지." 하며 옅은 웃음을 지었다.

그러고는 며칠 후 집에서 저녁을 먹는데 마음이 요동쳤다. 당장 대구로 내려가고 싶었지만 차편이 없었다. 다음 날 아침 고속버스

『작은 죽음이 찾아왔어요』 키티 크라우더 글 그림

첫차에 올라 병원으로 가니 어머니는 깊은 잠에 빠진 듯 미동이 없었다. 그러나 밤이 되니 간간이 팔을 들어 크게 휘두르는데 그건 통증이 심할 때 하던 몸짓이었다. 나는 불쑥 기도실을 찾아 성모마리아상 앞에 무릎을 꺾었다. "성모마리아님, 어머니를 데려가시려거든 지금 얼른 데려가세요. 더 이상 아프게 하지 말고……." 이게 무슨 짓인가. 어머니를 얼른 데려가라니. 어머니를 죽음으로 떠다밀다니. 이른 아침에 어머니는 임종을 맞이하는 은혜의 방으로 모셔졌다. 거기서 당신 자식들과 손주들이 다 올 때까지 기다렸다가 모두의 배웅을 받고 돌아가셨다. 해는 쑥 들어가고 창밖에는 고운 노을이 걸려 있었다.

엘스와이즈는 병으로 늘 아팠다고 작은 죽음에게 털어놓는다. 이제는 아프지 않아 편안하다고. 나의 어머니도 편안하겠지. 나중에 엘스와이즈는 천사가 되어 작은 죽음과 함께 다닌다. 다정한 미소로 안심시키며 사람들에게 손을 내민다. 나의 어머니도 천사가 데리러 왔으리라. 분명히 그랬을 것이다.

| 그림책의 문장 |

이제 작은 죽음과 엘스와이즈는
손에 손을 잡고
죽어 가는 사람들을 찾아가요.
천사의 다정한 얼굴을 보면,
사람들이 더 이상
죽는 것을 두려워하지 않아요.
이렇게 되어서 훨씬 좋아요.

『작은 죽음이 찾아왔어요』
키티 크라우더 글 그림 | 이주희 옮김 | 논장

/   /

해는 쑥 들어가고 창밖에는 고운 노을이 걸려 있었다.

먼지와 시간에게 도움을 청해 볼까

어머니의 죽음을 결코 용납할 수 없었던 폴이란 아이가 있다. 폴은 어머니를 데리러 온 죽음의 신에게 달려들어 마구 두들겨 댄다. 그런 다음, 도토리 껍질 속에 가두어 구멍을 막고 바다에 버린다. 이것이 『**도토리 껍질 속의 죽음**』서두 부분이다. 이렇게 해서 죽음의 신이 지금까지 나오지 못하고 있다면 좋겠지만 죽음은 이렇게 피할 수 있는 게 아니다. 그러니 결말은 정해져 있다. 다만 내가 흥미롭게 본 것은 죽음의 신을 도토리 껍질 속에 가둔 아이의 당돌함이다.

우리도 이렇게 해결할 수 없는 어떤 문제, 그렇다고 못 본 척할 수도 없는 일들을 잠시 가두어 둔다면 어떨까. 나쁘지 않을 것 같다. 감정도 마찬가지이다. 혼란스러운 감정, 갈피를 잡을 수 없는 마음으로 멍할 때가 있다. 손에 쥐고 있기에는 따갑고, 풀어놓자니 잊어버릴 것 같고, 바지 주머니에 넣으면 누웠을 때 배기고…….

무언가를 도토리 껍질에 밀봉해 선반이나 창문턱에 올려놓은 우리들은 일상을 태연히 살아간다. 그사이 도토리 껍질엔 먼지도 쌓이고 시간도 쌓이다 어느 순간 말라비틀어진 채로 우리에게 발견될 것이다. "이게 뭐지?" 하고 묻게 될지도. 문득 안을 들여다본다. 그 안에 넣어 둔 마음은 어떻게 되었을까.

『도토리 껍질 속의 죽음』 뮈리엘 맹고 글 | 카르멘 세고비아 그림

그 안의 마음이 어떻게 변했을지는 그것을 발견할 때의 우리의 마음에 달려 있을 것 같다. 참고로 말하면 양자역학의 원리이다. 우리가 그것을 그동안 어떻게 생각하고 있었는지, 그것이 어떤 무게, 어떤 의미였는지에 따라 그 변화된 모습도 다를 것이다. 모든 것은 변한다. 먼지와 시간이 그렇게 해 준다.

폴도 그렇다. 폴은 도토리 껍질 속에 죽음의 신만 넣은 것이 아니다. 어머니를 당장 빼앗기고 싶지 않은 마음도 함께 넣어 둔 셈이다. 아직 젊은 어머니의 죽음은 받아들일 수 없지만 백 살이나 더 산 어머니의 죽음은 더 이상 폴을 슬프게 하지 않는다. 순순히 보내드릴 수 있다.

이제 어머니가 돌아가신 지 사 년이 되어 간다. 어머니의 죽음 이후에 드는 죄책감과 회한, 내보일 수 없는 분노와 원망을 나는 잠시 어디에 밀봉해 두련다. 나중에 이십 년쯤 지나, 살아 계셨다면 어머니 나이가 백 살을 조금 넘어갈 즈음에 열어 볼 생각이다. 그때는 내 감정들이 다 정리가 되어 있겠지. 아니, 다 없어졌을지도 모른다.

그때 발치에 떨어진 도토리 하나가 폴의 눈에 들어왔어요.
다람쥐가 알맹이만 꺼내 먹고 버린 빈 껍질이었어요.
폴은 도토리 껍질 속에 죽음의 신을 꽉꽉 밀어넣은 뒤
나뭇가지로 구멍을 꽁꽁 막고 바다에 던져 버렸어요.
그러고는 집으로 돌아와
아무도 모르게 낫자루를 숨겼지요.

(……)

폴은 엄마와 함께 오랫동안 행복하게 살았어요.
엄마가 백 살도 넘은 할머니가 된 어느 날,
죽음의 신이 다시 찾아왔어요.
폴은 슬퍼하지 않았어요.
죽음 없이는 삶도 없다는 것을
이미 오래전부터 잘 알고 있었거든요.

『도토리 껍질 속의 죽음』
뮈리엘 맹고 글 | 카르멘 세고비아 그림 | 김라헬 옮김 | 이마주

모든 것은 변한다. 먼지와 시간이 그렇게 해 준다.

어른의 역할은 죽는 것이다

노인들 얼굴을 종종 들여다볼 때가 있다. 한 사람의 일평생이 그 얼굴에 엿보이기 때문이다. 어떤 일을 겪었든, 어떤 행복과 불행이 있었든 그건 알 수 없지만 행복과 불행을 어떻게 보냈는지는 얼굴에 보인다.

아름다운 얼굴도 있다. 주름살과 검버섯밖에 남지 않았지만, 자신에게 말 걸어 주는 이에게 화사한 미소와 환대의 눈빛을 보이는 얼굴이다. 이런 얼굴이 되려면 이 세상에서 누릴 것 다 누렸으니 언제든 가도 좋다는 마음이 있어야겠지. 내가 아는 어떤 노인은 아주 좋은 모시로 수의를 손수 지어 벽에 걸어 놓고 "영감 만나러 갈 때 입을 옷"이라며 날마다 설레는 마음으로 쳐다본다고 했다.

어느 일간지에서 '어른의 역할은 죽는 것이다'란 제목의 시사 칼럼을 보았다. 칼럼에서 필자는, 한 천문학자의 말이라면서 우리는 모두 우주의 어느 별에서 왔고 별은 수명이 다 되면 폭발해서 흩어진다고 했다. 그 부스러기들이 이렇게 저렇게 모여 다시 별로 탄생한다며, 죽지 않으면 새로 만들어지는 것도 없음을 강조했다. 우리 몸의 세포도 마찬가지이다. 수명을 다하면 저절로 죽고 새 세포가 만들어진다. 그런데 죽지 않겠다며 계속 성장과 분열을 하는 것

『**나는 죽음이에요**』 엘리자베스 헬란 라슨 글 | 마린 슈나이더 그림

이 암세포이다. 암세포는 결국 자기의 모태인 우리 몸을 죽게 한다.

  어른의 역할은 자기의 다음 세대를 앞으로 떠밀고 자신은 뒤로 물러나는 것이다. 이후부터는 덤으로 산다 생각하고 다음 세대를 위해 뭔가 한 가지라도 이로운 일을 한다면! 그런데 우리 인간은 자기 그릇에만 음식을 잔뜩잔뜩 담으려고 한다. 그릇에 담긴 음식도 다 못 먹고 갈 게 분명한데 말이다. 자신은 부자라고 생각하겠지만 사실 그의 영혼은 가난한 거렁뱅이이다.

  『**나는 죽음이에요**』에서 죽음이 하는 말을 들어 보면 죽음은 생명의 적이 아니라 오히려 생명을 존속시키는 손길임을 알 수 있다. 『**도토리 껍질 속의 죽음**』의 폴도 죽음 없이는 삶도 없다는 것을 깨달았다. 죽음이 존재함을 받아들이며, 그가 하는 말을 따라 써 보자. 다 쓰고 나면 조용히 수긍하게 될 것이다.

내가 찾아가지 않으면
누가 뿌리와 새싹이 자라날 자리를
마련해 줄까요?

내가 사라져버리면
누가 이 땅에 태어나는 모든
생명의 자리를 마련해 줄까요?

내가 떠나버리면,
누가 새로운 단어와 꿈의 자리를
마련할 수 있을까요?

『나는 죽음이에요』
엘리자베스 헬란 라슨 글 | 마린 슈나이더 그림 | 장미경 옮김 | 마루벌

어른의 역할은 자기의 다음 세대를 앞으로 떠밀고
자신은 뒤로 물러나는 것이다.

너무 울고 싶을 때

너무 울고 싶을 때가 있다. 그것도 펑펑. 어린애처럼 말이다. 손주들이 펑펑 울면 그 모습을 가만히 구경하기도 한다. 울기도 잘하네, 하며. 계속 울면, "잠깐! 그게 울 일인지 아닌지 한번 생각해 봐. 내 생각에는 울 일은 아닌데."라고 말하며 그치기를 유도한다. 그러면 아이는 잠시 울음을 멈추었다가 더 크게 운다. "울 일이에요. 펑펑 울 일이란 말이에요." 하면서.

눈물로 울지 못하는 사람들의 이야기를 어느 중국 소설집에서 읽었다. 한 영지에 눈물을 흘리지 말라는 법이 생기자 평소 잘 울지 않는 사람도 급격히 울고 싶어진다. 울 일도 생긴다. 하지만 눈물을 흘려서는 안 되기에 다른 방법을 고안했는데, 이를테면 머리카락이 대신 눈물을 흘리도록 하는 것이다.

『너무 울지 말아라』에 눈이 닿으면, 가끔은 지금 내가 울고 있었나 하는 생각이 든다. 눈물을 흘리는 것 대신 다른 식으로 울고 있다가 들켰을 때의 심정이랄까. 이 책의 첫 장면에는 비 오는 날 노란 비옷을 입고 버스 정거장에서 할아버지를 기다리는 아이가 나온다. 할아버지가 읊조린다. "너는 오늘도 여전히 나를 기다리고 있구나. 내가 죽었다는 것을 아직 모르는지?" 할아버지는 이 아이에게

『너무 울지 말아라』 우치다 린타로 글 | 다카스 가즈미 그림

울어도 괜찮지만 너무 울지 말라고 당부한다. 마지막 장면에서 할아버지는 미소를 머금은 채 손을 흔들며 이렇게 말한다. "내가 좋아한 너는 웃고 있는 너니까."

  어른이 되고부터는 한 번도 어머니에게 우는 모습을 보이지 않았다. 울고 있는 나를 보면 어머니가 마음 아파할 것을 알기에 울 일을 앞에 놓고도 울지 못했다. 어머니가 안 볼 때 울고 싶기도 하지만, 어머니는 돌아가셨으니 이제 다 보신다. 이 책의 할아버지처럼 앞으로의 일도 다 보신다. 그래서 눈물을 흘리며 울지 않고 다른 방식으로 운다. 머리를 감으면 얼굴이 물 범벅이다. 밭일을 열심히 하면 얼굴에서 구슬땀이 뚝뚝 떨어진다. 그러다 고개를 들면 어머니의 목소리가 들리는 듯하다.

  "울어도 괜찮아. 하지만 ……"

| 그림책의 문장 |

울어도 괜찮아.

하지만 너무 울지 말아라.

내가 네 옆에 없다고…….

내가 좋아한 너는

웃고 있는 너니까.

『너무 울지 말아라』
우치다 린타로 글 | 다카스 가즈미 그림 | 유문조 옮김 | 한림출판사

/   /

너무 울고 싶을 때가 있다. 그것도 펑펑. 어린애처럼 말이다.

크리스마스에도 밖에 나가고 싶지 않다면

노년의 삶은 데크의 흔들의자에 앉아 얼굴을 보여 주지 않는 손님 같다. 와 있는 건 알지만 아는 체는 하고 싶지 않고, 그렇다고 지금이라도 문을 열고 데크로 나가 무슨 말을 건네기도 어색하다.

노년은 그냥 가 버리는 손님이 아니다. 어느새 집 안으로 들어오면 노년이 앉았던 자리에는 죽음이 와서 대기할 것이다. 삶과 죽음이 이렇게 가까워지는 때가 오면 나도 『마르게리트 할머니의 크리스마스』의 주인공 마르게리트처럼 밖은 위험해서 좀처럼 외출을 안 하고(미끄러지거나 강도를 만날 수 있으므로), 온 가족이 모이는 크리스마스에도 (손이 떨려 요리를 못 하기에) 자식들에게 "너희들끼리 재밌게 놀아!"라며 오지 말라고 하고, 여든두 해 동안 참석했던 크리스마스 자정미사에도 모른 척하며 집 안에서만 지낼까. 자정미사는 지금도 안 가고 있으니 자책할 일 한 가지는 면한 셈이다.

편안하고 익숙한 집 안에서 특선 영화를 보며 안전한 크리스마스를 보내려던 마르게리트. 그런데 낯선 가족이 문을 두드린다. 혹시 집을 털려고 온 악당들이 아닐까? 노쇠한 마르게리트는 의심이 많다. 하지만 차가 눈 더미에 파묻혀 견인차를 불러야 하는 남자에게 전화를 빌려주지 않을 수 없고 소변이 급한 여자아이에게 화장

『마르게리트 할머니의 크리스마스』 인디아 데자르댕 글 | 파스칼 블랑셰 그림

실을 내어 주지 않을 수 없다.

그런데 그 가족은 삶도 두려워하지 않고 죽음도 두려워하지 않는다. 갑작스런 사고에도 불구하고 차 안에서 크리스마스 선물을 풀며 즐거워하는 걸 보면. 마르게리트는 텔레비전에 눈을 박고 있지만 영화는 김빠진 맥주처럼 재미없어지고 마음은 창밖의 가족에게 가 있다. 급기야 쟁반에 간식거리를 담아 집 밖으로 나갔는데 그 사이 견인차가 와서 가족은 이미 떠나는 중이었다.

주름살을 매만지며 종종 나의 노년을 곁눈질한다. 어느새 들어와 내가 되면 나는 삶을 두려워할까, 죽음을 두려워할까. 죽음을 두려워하기 시작하면 삶에도 전염이 되어 삶도 두려워질 것 같다. 그러니 죽음을 두려워하지 말고 삶을 사랑해야겠지. 살 날이 이 년 밖에 남지 않았다는 암 선고를 받고는 당장에 스포츠카(빨간색이었던가?)를 사서 신나게 내달렸던 일본의 그림책 작가 사노 요코처럼. 마르게리트도 다시 안락의자에 앉으며 마음을 달리했을 것이다. 영화는 새삼 재미있어질 테고 어쩌면 멀리 있는 자신의 아들딸에게 전화를 걸어 다음 크리스마스에는 꼭 함께 보내자고 말할지도 모른다.

할머니는 밖에 가만히 서 있었어요.
추위가 할머니의 살갗을 부드럽게 간질였어요.

또다시 할머니의 기억에 구멍이 난 것 같아요.
아까 왜 그렇게 마음을 졸였는지
더 이상 기억나지 않거든요.

할머니는 죽음을 두려워했지만,
정작 할머니가 두려워한 것은 삶이었어요.

『마르게리트 할머니의 크리스마스』
인디아 데자르댕 글 | 파스칼 블랑셰 그림 | 이정주 옮김 | 시공주니어

나는 삶을 두려워할까, 죽음을 두려워할까. 죽음을 두려워하기 시작하면 삶에도 전염이 되어 삶도 두려워질 것 같다.

— 나의 문장 —

춤을 추어라, 계속계속!

우리 집 고양이 '노른자'는 정말 세상 근심이 없다. 그저 사랑받을 마음밖에는. 사랑받고픈 마음으로 나를 졸졸 따라다닌다. 따라다닌다는 말로는 부족하다. 내 신발에 딱 붙어서, 그야말로 길게 풀린 신발 끈처럼 달라붙어 있다. 신발을 벗고 다닐 수는 없으니 이 녀석을 떼어 낼 방법이 마땅히 없다.

그런데 집 안에서 노른자를 관찰하면 나 없이도 잘 놀고 있다. 이야기 정원 곳곳을 춤추듯 뛰고 날아다닌다. 나비를 쫓고, 무언가에 놀라(개구리라도 보았는지) 펄쩍 뛰어오르고, 나무 위를 기어오르고, 느릿느릿 모델 워킹을 하고, 너른 바위에 올라 느긋하게 낮잠을 자며 그날그날의 행복을 만끽한다. 그러나 노른자도 언젠가 죽음을 맞을 것이다.

어쩌면 죽음이란 아주 낮은 문턱을 넘어서는 일 아닐까. 우리 눈에는 보이지 않을지도 모른다. 땅에도 경계가 없고 하늘에도 경계가 없지 않은가. 바다에는 더 없다. 하루하루 매 순간을 충만하게 산 존재들은 경계를 살포시 넘어서 계속 그렇게 살 수도 있을 것 같다.

『춤추는 고양이 차짱』의 차짱도 우리 집 고양이 노른자처럼 살았을 것이다. 삶을 즐기면서, 삶은 세상 근심을 짊어지고 뚜벅뚜벅 걷

『**춤추는 고양이 차짱**』 호사카 가즈시 글 | 오자와 사카에 그림

는 게 아님을 보여 주듯이. 가벼이 가벼이 사뿐사뿐 스텝을 밟으며 춤을 추듯 살아가다 보면 몸이 가벼워지고 그 가벼운 몸으로 경계를 넘어서 계속 춤을 출 수 있다는 걸 증명하듯이.

    춤은 즐겁지 않으면 못 춘다. 조금이라도 즐거워야 출 수 있다. 그러니 이런 여유가 누구에게나 열려 있는 건 아닐 것이다. 삶의 순간순간을 즐길 수 있어야 하는데 그게 말처럼 쉬울까. 고양이들만 누릴 수 있는 행운 같기도 하다.

    이 책은 나보다 먼저 경계를 넘게 될 노른자가 내게 미리 전하는 말 같다. 벌써 슬픈 마음이 들지만 울지는 말아야겠다. 그렇게 울지만 말고 춤을 추라고 말할 테니까. 먼저 가 있는 김깜돌과 김해리, 김뻔양도 내게 그렇게 말할 것 같다. 돌아가신 어머니도 똑같은 말을 하겠지. 혹시 저 윗 세상에서 내가 얼마나 춤을 잘 추고 있는지 내려다보고 계신 건 아닐까.

엄마와 아빠는 울었습니다.

아빠는 울고 울고 또 울었어요.

그렇게 울지만 말고

아빠도 춤을 추면 좋을 텐데…….

나는 여기서 춤을 추고 있어요.

『춤추는 고양이 차짱』
호사카 가즈시 글 | 오자와 사카에 그림 | 박종진 옮김 | 한림출판사

/   /

삶의 순간순간을 즐길 수 있어야 하는데 그게 말처럼 쉬울까.

3부

우리가 살아갈 하루는 언제나 오늘!

우리가 살아갈 하루는 언제나 오늘! 『날마다 멋진 하루』

익숙하고 다정한 것들 『중요한 사실』

마음이 낯선 낱말들 사이를 서성일 때 『당신의 마음에 이름을 붙인다면』

지나간 것은 지나간 대로 『강물이 흘러가도록』

한가로이 살다가 한가로이 죽으리 『작은 집 이야기』

기가 막히게 맛있는 수프를 룸서비스 받고 싶다면 『레프론 씨의 수프』

우린 가라앉지 않아 『작은 배』

우리가 살아갈 하루는 언제나 오늘!

어떤 선승이 전날 내린 비로 진흙탕이 된 길을 동료와 함께 걸어간다. 그때 한 젊은 여인이 반대쪽으로 건너가야 하는데 진흙탕에 옷이 더러워질까 봐 머뭇대고 있었다. 이를 눈치 챈 선승은 주저하지 않고 그 여인을 등에 업어 반대쪽 길에 내려 주었다. 이후, 선승과 그의 동료는 말없이 가던 길을 계속 간다. 그러다 한참 시간이 지났을 때 동료가 선승에게 물었다. 왜 그 젊은 여인을 등에 업고 길을 건넜냐고. 수행자들은 그렇게 해서는 안 된다는 것을 모르냐고. 그러자 선승이 대답했다. "나는 몇 시간 전에 그 여인을 내려놓았는데, 자네는 아직도 그녀를 업고 있는가?"

나는 이 이야기를 『삶으로 다시 떠오르기』(에크하르트 톨레 지음)에서 얻었다. 과거의 불쾌한 일에 자꾸 걸려들 때마다 이 이야기를 되새긴다. 맞아. 어깨가 무거운 게 아니야. 마음이 무거운 거지. 등에 업은 과거가 무거운 거지. 무거우면 내려놓으면 되는데.

당장 버리지 않아도 된다. 그냥 내려놓자. 지하철 바닥에 무거운 가방을 내려놓듯이. 과거로부터 배울 것을 배우고 나면, 과거는 가벼워지고 더 이상 들고 다닐 필요가 없다. 과거가 무거운 것은 아무것도 배우지 않았다는 것이고, 배우지 않았다는 것은 제대로 들여

『날마다 멋진 하루』 신시아 라일런트 글 | 니키 매클루어 그림

다보지 않았다는 뜻이다. 제대로 들여다보고, 받아들이고, 배우고, 내려놓는다.

그러면 미래는? 아직 오지 않았다. 미래는 오늘에 도착하지 않는다. 오늘 못 끝낸 일은 내일 하는 게 아니라 오늘 다음에 오는 오늘에 한다. 내일의 행운을 바라지 말고 오늘을 성실히 살아 내자.

그래도 아직 마음이 오늘로 건너오지 않는다고? 그러면 눈을 감고(감는 시늉만 해도 된다) **『날마다 멋진 하루』**에 나오는 문장을 주문처럼 외우자. "어제는 먼바다로 떠나가 버렸고 내일은 아직도 잠들어 있어요." 주문이 효력을 내려면 적어도 세 번을 반복해서 외쳐야 한다. "어제는 먼바다로 떠나가 버렸고 내일은 아직도 잠들어 있어요." "어제는 먼바다로 떠나가 버렸고 내일은 아직도 잠들어 있어요."

가 버린 어제를 어떻게 쫓아가 잡을 수 있겠는가. 잠들어 있는 내일을 깨운다는 것 또한 불가능하다. 가능한 것은 오늘뿐이고 언제나 우리는 오늘의 이 순간을 새로이 살아간다.

어제는 먼바다로 떠나가 버렸고
내일은 아직도 잠들어 있어요.

우리가 살아갈 하루는
언제나 오늘이에요.
우리가 간직할 하루도
언제나 오늘이에요.

넓고 넓은 우주에서
빙글빙글 지구가 돌아,
오늘은 곧 지나가고
다시는 못 돌아와요.

그러니 최선을 다해
오늘 하루를 멋지게 보내요.

『날마다 멋진 하루』
신시아 라일런트 글 | 니키 매클루어 그림 | 조경선 옮김 | 초록개구리

/   /

가능한 것은 오늘뿐이고
언제나 우리는 오늘의 이 순간을 새로이 살아간다.

익숙하고 다정한 것들

―에세이의 문장―

　날마다 낯선 것들이 생겨난다. 그 낯선 것들은 나를 어리둥절하게 하고("이게 나왔다는 걸 아직 모르는군요?"), 때로는 적의를 드러내고 ("왜 이걸 안 사는 거예요?"라고 소리치며 곳곳에 등장한다.) 때로는 바보로 만든다.("이걸 사지 않다니 바보로군요.") 이 때문에 우리는 중요한 사실과 중요한 것들을 잊고 하루하루 수비를 하느라(소비와 비슷한 발음이다) 기진맥진이다.
　『중요한 사실』의 저자, 마거릿 와이즈 브라운은 이름이 길다. 그리고 이미 땅에 묻혔다. 그것이 마거릿 와이즈 브라운에 관한 중요한 사실이다. 만일 마거릿이 아직 땅에 묻히지 않았다면 나는 비행기를 몰고 가서 따져 물었을 것이다. "아니, 이렇게 아름다운 싯구를 혼자 다 쓰면 어떡합니까? 다른 글쟁이는 무얼 써서 먹고 살라는 말입니까?" 비행기 조종 면허도 따야 하고 영어도 더 배워야겠지. 책은 들고 가겠지만 사인 같은 건 안 받을 테다.
　이름도 묘하다. '와이즈'는 현명하다는 뜻이겠고 '브라운'은 내가 좋아하는 색으로 흙색이다. (흙은 이루 말할 수 없이 현명하다.) 마거릿은 흔히 마가렛이라고 하는 꽃의 이름이기도 한데 내겐 비밀스러운 추억이 담긴 꽃이다. 이 세 가지 조합의 의미는 여러분이 각

『**중요한 사실**』 마거릿 와이즈 브라운 글 | 최재은 그림

자 탐구하도록.

　마거릿은 믿을 수 없을 만큼 수많은 시를 남겼는데 하나같이 간결하고 소박하고 쉽다. 또 다정함이 있다. 그러므로 나에게 있어 마거릿에 관한 가장 중요한 사실은 그의 작품을 펼치면 숟가락이나 하늘처럼, 사과나 신발처럼 언제나 그가 거기에 다정하게 있다는 것이다. 날마다 생겨나는 낯선 것들 사이에서 우리 존재를 지탱해 주는 것은 익숙하고 다정하고 언제나 곁에 있는 것들이 아닐까.

　이참에 나는 주위를 둘러보며 그 중요한 것들을 꼽아 본다. 안경, 일기장, 주방, 라탄 의자, 바람과 비, 정원, 어머니, 손주들, 어제와 오늘, 그리고 이 책. 이 책을 다시 읽고 나서 나는 언제나 거기 있는 나의 숟가락에게 뜨겁게 고마움을 표시했다. 잘 닦아 바싹 말리고 깨끗한 면 수건 위에 올려 늘 있는 곳에 두었다. 하늘에게도 역시. 다정함의 세계에서는 모든 것이 고맙고 소중하다. 그중에 가장 고맙고 소중한 것은 이 책의 맨 마지막 페이지에 있다. 언제나 늘 거기에 있다.

하늘에 관한 중요한 사실은

하늘이 언제나 거기 있다는 거야.

하늘은 파랗고, 아득히 높고,

구름이 뭉게뭉게 피어 있고,

공기로 되어 있다는 건 틀림없어.

하지만 하늘에 관한 중요한 사실은

하늘이 언제나 거기 있다는 거야.

(……)

너에 관한 중요한 사실은

너는 바로 너라는 거야.

예전에 너는 아기였고,

무럭무럭 자라서 지금은 어린이고,

앞으로 더 자라서

어른이 된다는 건 틀림없어.

하지만 너에 관한 중요한 사실은

너는 바로 너라는 거야.

『중요한 사실』
마거릿 와이즈 브라운 글 | 최재은 그림 | 최재숙 옮김 | 보림

날마다 생겨나는 낯선 것들 사이에서 우리 존재를 지탱해 주는 것은 익숙하고 다정하고 언제나 곁에 있는 것 아닐까.

― 나의 문장 ―

마음이 낯선 낱말들 사이를 서성일 때

마음이 가끔 혼자 여행을 떠날 때가 있다. 이럴 때는 『**당신의 마음에 이름을 붙인다면**』을 한 장 한 장 넘기며 집 나간 마음을 찾아 나선다. 발음조차 까다로운 이국의 낱말들. 조심스레, 그러나 호기심 가득한 눈으로 이곳 저곳을 서성이는 내 마음이 보인다.

'토아슈르스파니크'는 지나칠 수 없는 낱말이다. 기회도 시간도 흘려보내고 있다고 느낄 때의 두려움을 어찌 모르겠는가. 흘러가는 강물을 부여안을 수 있을 것 같은 때가 있었다. 하지만 내 머리는 더 이상 검지만은 않다. 흰머리가 폭포수처럼 오른쪽 이마에 드리워져 있다. 이참에 나는 그때의 두려움을 강물에 띄워 보내고 '볼타'로 눈을 돌린다. 보자마자 바이칼 호수의 알혼섬이 떠오른다. 머무는 동안 내내 걷기만 했다. 숲길을 따라 들판을 넘어 오직 걷기만 하다가 끝! 그런데 낯선 곳에는 언제나 낯선 사람이 있다. 낙안읍성에서 혼자 머물 때 어느 낯선 사람이 내게 갑작스레 자신의 사연을 털어놓았는데 나는 하마터면 팔을 뻗어 나보다 한참 더 큰 그의 등을 다독일 뻔했다. 유사한 진실, 유사한 회한, 하지만 누구에게도 털어놓을 수 없는 일들……. 그의 입으로 내 이야기를 듣는 듯한 묘한 기분을 '콤무오베레'가 다시 느끼게 한다.

`『당신의 마음에 이름을 붙인다면』` 마리야 이바시키나 글 그림

낯선 낱말들로의 여행도 여행이다. 페이지를 다 넘기고 나니 약간의 피로감이 든다. 여행의 흥이 깨지기 전에 얼른 표지로 돌아와 그림을 살피는데 불현듯 이 그림이 나의 십 년, 혹은 이십 년 후의 풍경을 미리 보여 주고 있다는 걸 깨닫는다. 지금보다 남편은 머리털이 더 빠져 있겠구나. 나는 백발이 되어 있겠고. 우린 어느 여행지의 바다 앞에 아무 말 없이 앉아 있는 거다. 남편은 여전히 바다를 바라보는데 나는 방금 어디서 무슨 소리가 들린 것 같아 고개를 왼쪽으로 돌린다. 누가 나를 불렀나 하고.

어쨌든 '카푸네'의 시간이다. 늘그막의 카푸네는 손을 드는 수고로움도 필요없다. 손은 그냥 그대로 쉬게 하고 지나가는 바람을 불러서 상대의 머리카락과 내 머리카락을 부드럽게 빗어 낼 수 있다. 모나고 예리하고 날카로운 세상 모든 것들을 쓰다듬을 수 있다. 카푸네를 내 맘대로 정의해 본다. '카푸네 : 지금 당신 손안에 있는 시간을 두려움 없이 즐기십시오. 발길 닿는 대로 걷다가 모르는 이와 이야기를 나누십시오. 당신을 부르는 이에게 손짓을 하고 바람결에 머리를 맡기세요.' 이 말을 듣고 내 마음이 돌아온다. 머리를 빗겨 달라고.

토아슈르스파니크 Torschlusspanik

잃어버린 기회와 흘러가는 시간에 대한 두려움.

볼타 βόλτα

목적 없이 발길 닿는 대로 걸으면서

들려오는 소리와 풍경을 즐기는 일.

콤무오베레 commuovere

누군가의 이야기가

내 마음 깊은 곳을 건드리는 것.

카푸네 cafuné

사랑하는 사람의 머리카락을

손가락으로 부드럽게 빗어 내리는 일.

『당신의 마음에 이름을 붙인다면』
마리야 이바시키나 글 그림 | 김지은 옮김 | 책읽는곰

모나고 예리하고 날카로운 세상 모든 것들을 쓰다듬을 수 있다.

지나간 것은 지나간 대로

십수 년 전 한 지인(편의상 K라고 하자)이 요양원에 계신 어머니를 갑자기 뵈러 간다고 했다. 임종이 임박했다는 연락을 받았는데 자신이 어머니를 뵈러 가는 이유는 딱 하나, 물어볼 것이 있다고 했다. 여전히 이해가 되지 않고 용서가 되지 않는 것이 어머니는 왜 아버지의 죽음을 그렇게 오래도록 자신에게 비밀로 붙였는가, 라고.

K의 어머니는 사고로 돌아가신 아버지에 대해, 먼 나라에서 파견근무를 하고 있다고 계속 말했다. 자신을 한 번도 찾지 않는 아버지에 대한 분노와 절망감으로 K의 성장기는 어둡고 음울했다. 어머니와의 관계도 순조롭지 않았다. 나중에 친척 중 어느 이로부터 아버지가 오래전에 죽었다는 사실을 전해 들었을 때 K는 큰 충격을 받았다. 바로 집을 떠났고 이후 두 번 다시 어머니를 찾지 않았을 만큼. 오십이 넘었던 K는 이런 이야기를 털어놓으며 눈물을 지었다.

『강물이 흘러가도록』은 1920년대 미국 매사추세츠주의 한 시골 마을이 수몰되는 과정을 담고 있다. 도시로 보낼 전력을 생산하기 위해 댐이 들어서게 된 것이다. 이 때문에 집이며 학교, 교회뿐 아니라 한 지역에 고여 있는 추억들이 모두 물에 잠겼는데, 순조롭고 공평하게 진행된 것은 아니라는 걸 글쓴이의 말에서 읽을 수 있다.

『강물이 흘러가도록』 제인 욜런 글 | 바버러 쿠니 그림

공권력 행사와 강제 집행이 떠오른다.

  마을에서 개똥벌레를 쫓아다니고 단풍나무 수액을 뽑으며 뛰놀았던 주인공 제인은 성인이 되어 아버지의 나룻배를 타고 있다. 물에 잠긴 그때의 추억을 손에 잡으려는 듯 물결을 헤집자 어머니의 목소리가 들려온다. "놔주렴, 샐리 제인." 개똥벌레를 잡아 온 어린 제인에게 어머니가 했던 말이다.

  지나간 것은 지나간 대로 의미가 있을지 모르지만, 지나간 것을 놓아주는 일에는 분명 의미가 있다. 돌이킬 수 없는 일을 마음에 계속 담아 둔다면, 돌덩이처럼 굳어져 어느 날 옆구리나 가슴을 쿡쿡 찌를지도 모른다. 『날마다 멋진 하루』에서 말하듯 어제는 먼바다로 떠나가 버렸다.

  어머니의 임종까지 치르고 돌아온 K가 편안한 얼굴이 되어 있는 걸 보고 나는 그 일이 이제 지나간 일이 되었음을 느꼈다. 아마도 K는 먼 우주로 자신의 질문을 보냈을 것이다. 우주가 바람결로 와서 속삭였겠지. "놔주렴, 이제 모두." 세상 모든 일은 언젠가는 놓아주어야 할 일이다. 우주로 돌아가면 모든 것은 티끌이 된다.

그때 물에 잠긴 세월 저편에서
날 부르는 엄마 목소리가 들려왔어요.
"놔주렴, 샐리 제인."
나는 점점 깜깜해지는 깊은 물속을 들여다보며
조그맣게 웃었어요.
그리고 엄마 말씀대로 했지요.

| 『강물이 흘러가도록』
제인 욜런 글 | 바버러 쿠니 그림 | 이상희 옮김 | 시공주니어

지나간 것은 지나간 대로 의미가 있을지 모르지만,
지나간 것을 놓아주는 일에는 분명 의미가 있다.

한가로이 살다가 한가로이 죽으리

그동안 온갖 집을 다 돌아다녔다. 반지하에서 살던 때가 가장 힘들었는데 이렇게 회고할 수 있는 것은 이제 유랑생활이 끝났기 때문이다. 그러고 나니 집이란 것이 콘크리트 더미나 돈을 주고 사고 파는 것이 아닌 어떤 존재로 보였다. 집이 반갑고, 집에 감사하고, 집에 가고 싶고, 집이 그립다.

실제로 그렇다. 집이 내 감정 생활 안으로 들어온 것이다. 큰길에서 동네로 접어들어 집이 보이면 소란스럽던 마음이 가라앉는다. 멀리서도 집을 알아본다는 것, 사소한 것 같지만 애틋함이 스민다. 집도 나를 알아봐 준다. "어서 와!" 하고 인사를 건네고 "이제 편히 쉬어!" 하고 나를 품어 준다.

이런 집을 마련하는 건 그리 힘든 일이 아니다. 우리 집을 방문한 사람들은 한결같이 이런 집을 갖고 있는 나의 부유함을 부러워하는데 몰라서 하는 말이다(아니, 알고 있을 것이다). 그들이 부러워하는 것은 도시를 떠날 수 있었던 나의 용기가 아닐까. 그런데 나는 용기가 아예 없었다. 절박함이 있었을 뿐이다. 절박하면 흔히들 용기라고 부르는 것이 솟구친다.

어쩌면 이 모든 것이 『작은 집 이야기』에서 비롯되었을지도 모르

『작은 집 이야기』 버지니아 리 버튼 글 그림

겠다. 이 책은 시끄러운 도시 한복판에 놓이게 된 '작은 집'이 조용하고 평화로운 시골로 옮겨 가는 이야기이다. 생애 첫 내 집인 아파트를 장만했을 때 나는 기세등등해 있었는데 이 책을 읽으며 마음에 의심이 생겼다. '내가 옳은 집에 살고 있을까? 옳은 집이 금과 은을 다 주어도 팔지 않을 집, 손자들의 손자들까지 살게 하고픈 집이라면 지금 이 집은 과연 그런 집일까?' 하고. 따분하고 지루했다. 똑같은 내부 구조에서 똑같은 사람들이 아침저녁으로 출근하고 퇴근하고, 등교하고 하교했다. 무엇보다도 내 집만의 지붕과 바닥이 없다는 것이 나를 스산하게 했다.

이삼 년을 버티다 급기야 버스도 안 다니는 용인의 시골 마을로 이사했는데 그때부터 우리 식구의 시골 생활이 시작되었다. 그리고 지금은 충주에 안착했다. 더 이상 도시에 호기심을 느끼지 않고 도시에서 살고 싶은 마음도 별로 없다. 지붕 위에는 별들이 반짝이고 날마다 예쁜 달이 창문으로 올라온다. 한가로이 살고 있으니 한가로이 죽을 일만 남았다.

작은 집은 이제 다시는

도시에 호기심을 느끼지 않겠지요…….

이제 다시는 도시에서 살고 싶어하지 않겠지요…….

지붕 위에서는 별들이 빛났고……

달이 떠오르고 있었습니다…….

봄이 왔습니다…….

시골에서는 온 세상이

조용하고 평화로웠습니다.

『작은 집 이야기』
버지니아 리 버튼 글 그림 | 홍연미 옮김 | 시공주니어

지붕 위에는 별들이 반짝이고 날마다 예쁜 달이 창문으로 올라온다. 한가로이 살고 있으니 한가로이 죽을 일만 남았다.

― 나의 문장 ―

기가 막히게 맛있는 수프를 룸서비스 받고 싶다면

룸서비스! 최고의 서비스이다. 서양에서 아내들이 받고 싶은 최고의 생일선물은 아침에 남편이 차려서 침대로 가져다주는 토스트와 뜨거운 커피라고 한다. 하지만 동양에서는 이런 아침 식사를 기대하며 마냥 침대에 누워 잠자는 척할 수는 없다. 남편이 아예 없을 수도 있지 않은가. 미적거리다 일어난 생일에, 혹은 생일이었으면 좋은 어떤 날, 『레프론 씨의 수프』의 토끼 아저씨가 차려 주는 수프 그림책으로 마음을 달래 보자.

레프론 씨에겐 자신만의 수프 냄비도 따로 있다. 온갖 채소를 넣고 불을 지핀 다음, 수프가 끓기 시작하면 소금을 조금 넣고 잠깐 눈을 붙인다. 그러곤 꿈을 꾸는데, 문제는 그 꿈이 거부할 수 없을 만큼 환상적이라는 것이다. 장작의 불이 은빛 혀를 날름거리고 신비로운 국자와 마법의 오븐이 등장한다. 보통의 아저씨라면 당장에 점쟁이를 찾아가 이 꿈이 무슨 꿈이냐고, 혹시 수프 사업을 벌이라는 예지몽이냐고 물었을 테고, 점쟁이는 "그냥 환상입니다. 욕심이 벌인 꿈놀이판입니다."라며 사업 욕구를 눌러 앉히거나 "사업을 하더라도 크게 일을 벌이지 마십시오. 환상은 환상이고 현실은 현실. 욕심이 지나치면 망합니다."라고 경고했을 텐데, 불행하게도 레프

『레프론 씨의 수프』 조반나 조볼리 글 | 마리아키아라 디 조르조 그림

론 씨에게는 이런 말을 해 주는 이가 없었다. 그러므로 거침없이 앞으로 질주!

하지만 현실에 갇혀 옴짝달싹할 수 없는 우리에게는 이토록 아름다운 환상이 필요할 때도 있다. 우리의 삶은 때때로 죽고 싶을 정도로 고되기도 하고 죽고 싶을 정도로 따분하기도 하니까. 그럴 때 수프 냄새가 물씬 풍기는 이런 책을 읽으면 삶은 다시 아슬아슬하게 이어지고 그럭저럭 견딜 만해질 것이다.

진짜로 그런 수프를 룸서비스 받고 싶다고? 그렇다면 어디선가 점쟁이가 튀어나와 "안 돼. 여기서 멈춰! 욕심내지 마!"라고 할 것이다. 환상의 꿈을 쫓아간 레프론 씨는 시꺼먼 어둠밖에 없는 꿈을 꾸고는 마침내 멈추게 된다. 원래 수프를 끓일 때는 (아무리 수프 냄새가 꿈속까지 파고들어도) 잠깐이라도 눈을 붙이면 안 된다. 수프는 곧 바닥에 눌러붙고, 바닥에 눌러붙은 수프 때문에 우리의 현실까지 까맣게 그을릴 것이다. 소금을 넣고 옆에서 지켜보며 주걱으로 자주자주 저어 주어야 한다. 내 삶을 내가 요리하듯.

아저씨는 온 세상 궁전을 돌아다니며

왕과 여왕을 위해 수프를 끓이는 꿈을 꿔.

은빛 혀를 날름거리는 불,

신비로운 국자와 마법의 오븐이 입 모아 합창하면서

감자를 먹음직스러운 금빛으로 구워 내는 꿈.

그리고 잃어버린 신화 속 요리를 만들기 위해

아무도 모르는 비밀의 밭에서 채소를 키우는 꿈.

아저씨의 꿈속에는 크리스털 과수원도 있어.

산들바람이 불 때마다

투명한 과육이 통통하게 차오른

자두며 복숭아, 사과가

서로 부딪히며 짤랑짤랑 소리를 내.

마요네즈와 녹색의 살사 베르데 소스를 가득 실은

멋진 배도 등장하지.

아저씨가 눈을 뜰 때쯤 수프도 완성돼.

『레프론 씨의 수프』
조반나 조볼리 글 | 마리아키아라 디 조르조 그림 | 김지우 옮김 | 놀궁리

현실에 갇혀 옴짝달싹할 수 없는 우리에게는
이토록 아름다운 환상이 필요할 때도 있다.

우린 가라앉지 않아

가라앉고 싶은 순간이 있었다. 비교적 평탄하게 살아온 나에게도 그런 순간이 없었던 건 아니다. 『작은 배』는 나무 그늘에 앉아 바다를 바라볼 때의 평온한 마음으로 그런 순간들을 떠올리게 한다. 그런 마음을 가질 수 있는 까닭은 이 책의 주인공 '작은 배'가 가라앉지 않는다는 것을 알기 때문이다. 스티로폼이 어떻게 가라앉을 수 있겠는가? 돌덩이는 가라앉아도 스티로폼은 가라앉지 않는다.

가라앉지 않는다는 것을 알고 나서 편안한 마음으로 이 책을 한 장 한 장 살피면 작은 배의 모든 순간이 삶에 대한 은유로 읽힌다. 파도에 밀려 해안에서 먼바다로 떠내려가 혼자 남겨졌을 때, 집어삼킬 듯한 폭풍에 사정없이 떠밀릴 때, 그러다 거짓말처럼 고요한 아침을 맞이할 때, 커다란 물고기에 물려 옴짝달싹 못 한 채 아래로 아래로 끌려 내려갈 때……. 이런 순간들이 고스란히 우리 삶에도 있다. 당신은 지금 어느 순간에 있는가. 거친 파도에 휩쓸리는 중인지, 어떤 원치 않은 것에 얽매여 있는지, 혹시 버림받았다는 기분에 분노하는 건 아닌지, 그래서 가라앉고 싶은 건 아닌지.

그러나 우리는 가라앉지 않는다. 우리도 가라앉지 않는 재질로 만들어졌다. 적어도 우리의 몸은 아직 유통기한이 남아 있다. 유통

— 에세이의 문장 —

『작은 배』 캐시 핸더슨 글 | 패트릭 벤슨 그림

기한까지 우주는 그 어느 것도 그냥 버리지 않는다. 버려지는 것이 없는 게 우주의 법칙이다. 유통기한이 다 되는 날에도 우리는 없어지는 게 아니라 다른 쓰임으로 변화한다. 변화를 위해 대기하는 시간이 몸의 죽음이 아닐까.

「나는 반딧불」이란 노래를 들으며 다시 이 책을 펼쳐 든다. 자신이 빛나는 별이라는 걸 한 번도 의심하지 않았는데 알고 보니 반딧불이었다는 것, 그래도 눈부시게 빛이 나니까 괜찮다는 노랫말에 숙연해진다. 그런데 사실 빛나지 않아도 된다. 빛을 낸다면 다른 이의 시선이 부담스럽지 않을까. 그래도 가라앉지는 않는다는 자신감은 갖고 있어야 한다. 가라앉아도 다시 떠오를 거란 믿음도 있어야 한다. 폭풍과 거친 파도를 견디어 낸다면 우리의 삶도 바다가 땅에 인사하는 곳에 닿을 것이다. "우린 가라앉지 않아."라고 말해 주는 누군가의 발밑에서 발견된다면 더할 나위 없이 행복하겠지. 그런 염원이 필요할 때면 나는 이 책의 마지막 문장을 따라 쓴다.

바다가 땅에 인사하는 곳,

물결이 자갈을 적시고

모래를 쓸어 가는

바닷가에

한 여자아이가

서 있었어요.

아이는 손을 뻗어

발밑에 출렁대는

작은 배를 집어 올렸어요.

바닷가에서 온종일

자기가 주운 작은 배를 가지고

첨벙대며 놀았어요.

그리고 흥얼거렸죠.

'우린 가라앉지 않아.

내 배랑 나는!'

『작은 배』
캐시 핸더슨 글 | 패트릭 벤슨 그림 | 황의방 옮김 | 보림

사실 빛나지 않아도 된다. 그래도 가라앉지는 않는다는 자신감은
갖고 있어야 한다. 가라앉아도 다시 떠오를 거란 믿음도 있어야 한다.

4부

감정들의 사생활이

궁금하다면

감정들의 사생활이 궁금하다면 『감정은 무얼 할까?』

슬픔의 방어카드가 필요할 때 『슬픔을 치료해 주는 비밀 책』

불현듯 뭔가를 잃어버린 느낌이 든다면 『잃어버린 영혼』

햄스터를 키워야 하나? 『회색 아이』

내 안의 어두운 충동 『그림자』

감정들의 사생활이 궁금하다면

　참을성은 아름다운 정원을 가꾸고 불안은 저글링을 한다. 이 모든 것을 다 겪어 낸 만족은 찻잔을 손에 들고 소파에 앉아 먼 산을 보고 있다. 『**감정은 무얼 할까?**』에 나오는 감정들의 사생활이다. 감사, 두려움, 반가움, 연민……. 우리 마음 안에 얼마나 많은 감정들이 박혀 있는지 하나하나 헤아리게 된다. 마음이 세포로 되어 있다면 이런 감정의 낱말들 하나하나가 그 세포가 아닐까 싶다.

　그런데 이 책, 나에게 어떤 감정을 일으킨다. 질투이다. 이렇게 텍스트 전체를 다 삼키고 싶은 책은 아주 드물다. 뭔가 꼬투리 잡을 게 없나 하고 텍스트를 샅샅이 훑지만 그럴수록 질투만 더 난다. 급기야는 이 책의 번역자까지 질투 레벨을 상승시킨다. 이런 맛깔스러운 번역은 보통 솜씨가 아니다.

　질투에 붙잡혀 있으면 승산이 없다. 얼른 질투심을 버리고 재빠르게 존경심을 껴안아야 하는데 호기심이 먼저 파고든다. 질투는 (이 책에서) 무얼 할까 궁금해진 것이다. 질투를 찾아보니, 예쁜 것들을 모두 짓밟는다고 나와 있다. 쉴 틈도 없이 말이다. 아, 난 그러고 싶지 않다. 짓밟고 싶은 게 아니라 이 책이 내게 뿌린 감정의 싹을 더 틔우고 싶다. 그러므로 내가 느낀 감정은 질투가 아니라 부러

『감정은 무얼 할까?』 티나 오지에비츠 글 | 알렉산드라 자용츠 그림

움이 맞다.

　존경으로 가는 길에 부러움과 동행한다. 그나저나 질투는 여전히 짓밟고 있다. 정원사 리디아라면 이렇게 충고하지 않을까? "그렇게 남의 꽃밭의 예쁜 것들을 짓밟지 말고 너의 꽃밭을 가꿔! 열등감이 찾아오기 전에!"

　내가 하고 싶은 말도 그것이다. 나는 존경을 감정의 선장으로 받아들이고 마음 구석구석을 부드럽게 순항한다. 당신의 감정은 지금 어디를 지나고 있는지.

참을성은 아름다운 정원을 가꿔.

슬픔은 담요를 둘러쓰고

신뢰는 다리를 놓지.

불안은 저글링을 해.

(……)

기쁨은 새로 발견한 책을 들고 친구에게 달려가.

분노는 폭발해.

공포는 자기가 없는 척해.

만족은 찻잔을 손에 들고 소파에 앉아 있지.

『감정은 무얼 할까?』
티나 오지에비츠 글 | 알렉산드라 자욘츠 그림 | 이지원 옮김 | 비룡소

나는 존경을 감정의 선장으로 받아들이고 마음 구석구석을 부드럽게 순항한다. 당신의 감정은 지금 어디를 지나고 있는지.

/   /

슬픔의 방어카드가 필요할 때

"오늘은 슬프기로 했습니다."

누군가 물어 온다면 이런 대답을 하고 싶은 날이 있다. 아무 이유도 없고 별다른 일도 없었지만 바로 그 때문에 슬픔에 푸욱 잠기고 싶은 날. 낮잠에 푹 잠기듯이 말이다.

이런 슬픔은 깊이가 얕아 발이 바닥에 닿는다. 슬픔에 목이 잠겨도 허우적대거나 버둥거리지 않고 우아하게 헤엄쳐 나올 수 있다. 그런데 당황하면 발이 바닥에 닿아도 익사의 공포를 겪을 수도 있다. 그러니 당황하지 않도록 그때를 대비해 미리 연습을 해 두는 게 좋다. 이렇게 아무 일도 없는 날, 슬픔에 푸욱 잠긴 척하는 거다. 슬픔 연습.

그러다 진짜 슬픔에 빠질 수도 있다. 내가 슬프지 않아도 다른 사람들이 슬프기 때문이다. 슬픔은 도처에 있다. 예전에 읽었던 책들, 유심히 보았던 영화들 곳곳에도. 『더 리더, 책을 읽어 주는 남자』(베른하르트 슐링크 지음)는 그중 한 책이다. 책장에 꽂혀 있는 책의 제목만 봐도 "그 시절을 생각하면 나는 왜 이리 슬픈 걸까? 잃어버린 행복 때문일까?"라는 문장이 떠오르면서 슬프다. 영화 「체실 비치에서」는 모든 장면이 각각 다 슬프다. 이런 책과 영화 덕분에 나는 아

『슬픔을 치료해 주는 비밀 책』 캐린 케이츠 글 | 웬디 앤더슨 핼퍼린 그림

무때나 슬픔에 빠질 수 있으니 나에게 슬픔은 너무 가까이 있는 셈이다.

슬픔을 연습하다가 진짜 슬퍼질 것 같으면 방어카드처럼 **『슬픔을 치료해 주는 비밀 책』**을 펼친다. 책 속에 책이 있고 그 책 속에 슬픔을 치료해 주는 처방이 나와 있다. 일곱 가지 처방 중 흥미로운 것은 사과뿐 아니라 사과가 열려 있는 나무의 맛까지 느끼면서 사과 주스를 마시라는 것, 가능한 한 먼 곳까지 걸어가서 한 번도 보지 못한 어떤 것을 찾아내라는 것, 그리고 사랑하는 이에게 용기를 주는 편지를 쓰고 작은 선물을 봉투 속에 넣으라는 것이다. 사소하지만 막상 실행에 옮기려면 진심을 다해야 한다.

사실 나는 한 번도 이 처방전대로 해 보지는 않았다. 내가 실행하는 나만의 처방전은 (있지만) 밝힐 수 없다. 당신에게도 비밀 처방전이 있다면 좋은 일인데 만일 아직 준비가 안 되었다면 이 책의 문구를 따라 써 보기를. 따라 쓰는 것만으로도 목에 두른 머플러가 흘러내리듯 슬픔이 빠져나간다. 그리고 어느새 슬픔 속에 있는 이 책의 주인공 롤리를 위로하고 있다.

첫 번째 처방

사과 주스 한 잔을 마시세요.

아주 천천히 맛을 느끼면서 마셔야 해요.

사과와 사과가 열려 있는 나무의 맛까지

느낄 수 있도록 말이에요.

(……)

세 번째 처방

가능한 아주 먼 곳까지 걸어가 보세요.

그리고 전에는 한 번도 보지 못한 어떤 것을

찾아내야 합니다.

(……)

다섯 번째 처방

사랑하는 사람에게 용기를 주는 편지를 쓰세요.

그리고 봉투 속에다 받는 사람이 생각지도 못한

선물을 하나 넣으세요.

『슬픔을 치료해 주는 비밀 책』
캐린 케이츠 글 | 웬디 앤더슨 핼퍼린 그림 | 이상희 옮김 | 봄봄

"오늘은 슬프기로 했습니다."
누군가 물어 온다면 이런 대답을 하고 싶은 날이 있다.

불현듯 뭔가를 잃어버린 느낌이 든다면

어느 여행기에서 이런 일화를 접했다. 네팔 히말라야던가. 한참 부지런히 산을 오르고 있는데 셰르파가 갑자기 짐을 내려놓고 꼼짝을 안 하기에 글쓴이가 그 까닭을 물었다. 그러자 셰르파의 대답이, 너무 빨리 와서 영혼이 미처 따라오지 못했으니 영혼을 기다려야 한다는 것이다. 경건한 놀라움에 압도된 글쓴이는 걸음을 멈추고 (나는 책읽기를 멈추고) 셰르파 옆에 앉아 다리쉼을 하며 영혼을 기다렸다. 그런데 기다리지 않는다면? '에이, 그런 게 어디 있어!' 하며 계속 나아간다면? 아니, 누가 쫓아올까 봐 걸음을 재촉한다면?

『잃어버린 영혼』의 주인공 남자는 열심히 일하고 열심히 테니스도 치며 잘 살아왔다. 그런데 어느 날 출장길의 한 호텔에서 한밤중에 깨었는데 여기가 어딘지, 어떻게 이곳에 온 건지 도무지 기억나지 않는다. 자신의 이름조차. 뭐가 잘못된 것일까? 의사는 영혼을 잃어버렸기 때문이라고 답해 준다.

카페에 앉아 있던 나는 책에서 눈을 떼고 주위를 둘러본다. 누군가를 만나기로 했는데 그 존재를 잊고 있었다는 것을 알았을 때처럼. 카페 이곳저곳에는 유령처럼 공허한 잡담이 떠돌고 있다. 영혼 없는 말, 영혼 없는 태도, 영혼 없는 눈빛들. 얼굴에는 미소가 드리

『잃어버린 영혼』 올가 토카르추크 글 | 요안나 콘세이요 그림

워 있고 간간이 웃음이 터져 나오지만 유감스럽게도 영혼은 없다. 그들의 영혼은 구석진 어느 빈자리에 앉아 그들을 지그시 바라보고 있다.

우리 모두는 일을 열심히 하고 테니스든 탁구든 열심히 친다. 카페에 앉아 혼자 책을 읽든지, 신나게 남의 얘기를 떠들어 대기도 한다. 그러다 일순 기이한 느낌(누군가 나를 지그시 바라보고 있는 느낌)이 든다면 이제 영혼을 데리고 집으로 돌아갈 때이다. 탁자 앞에 영혼과 마주앉아 긴긴 이야기를 해야 할 때이다. 절대로 잃어버리지 말아야 할 나의 영혼!

그림책의 문장

"누군가 위에서 우리를 내려다본다면,
세상은 땀 흘리고 지치고 바쁘게 뛰어다니는 사람들로,
그리고 그들을 놓친 영혼들로 가득 차 보일 거예요.
영혼은 주인의 속도를 따라갈 수 없으니까요.
그래서 큰 혼란이 벌어져요. 영혼은 머리를 잃고,
사람은 마음을 가질 수 없는 거죠.
영혼들은 그래도 자기가 주인을 잃었다는 걸 알지만,
사람들은 보통 영혼을 잃어버렸다는 사실조차 모릅니다."

『잃어버린 영혼』
올가 토카르추크 글 | 요안나 콘세이요 그림 | 이지원 옮김 | 사계절출판사

일순 기이한 느낌이 든다면 이제 영혼을 데리고 집으로 돌아갈 때이다.

햄스터를 키워야 하나?

　아이를 임신하면, 아이가 세상에 나오기까지 가슴을 졸인다. 아이가 온전하고 건강한 몸으로 태어날지 불안한 것이다. 그 어떤 불길한 생각조차도 아이에게 영향이 미칠까 봐 조심하고 또 조심하는데, 철없는 어느 아빠는 막 태어난 자기 아이에게 이렇게 말한다. "테리시타, 아이 피부색이 이상해. 커서 돌처럼 딱딱하게 굳어 버리면 어떡하지?" 언제나 해맑은 엄마 테리시타가 남편을 나무랐지만 이미 그 말은 마르틴과 그의 우주가 다 듣고 말았다.

　『회색 아이』의 마르틴은 온몸의 피부가 회색이고 머리칼도 회색이다. 마음까지 회색 돌덩이가 되어 웃지도 않고 울지도 않는다. 엄마와 아빠는 그저 지켜볼 뿐. 그러던 어느 날 일이 생긴다. 마르틴이 키우는 햄스터 구스타보의 몸이 회색으로 변하는 것이다. 갉아 먹던 씨앗이 목에 걸려 막힌 듯했다. 구스타보는 캑캑거리다가 이내 뱉어 버린다. "젠장!" 마르틴은 여느때처럼 이렇게 한 마디 내뱉었지만 곧 무언가 흘러넘칠 것만 같은 기분이 들더니 눈물 한 방울이 흘러나왔다. 그러곤 두 번째 눈물, 세 번째 눈물……. 구스타보가 기침을 하며 씨를 내뱉자 이번에는 웃음이 터져 나왔다. 첫 번째 웃음 뒤에 두 번째, 세 번째…….

------------------------------------- 『회색 아이』 루이스 파레 글 | 구스티 그림

    언제 이렇게 울고 웃고 소리를 질렀던 적이 있었던지. 아무도 뭐라 하지 않았는데 마음의 문을 닫고 회색 사람으로 살아가는 건 아닌지. 우리는 자신의 감정뿐 아니라 다른 이의 감정에도 무심해지기를 권하는 시대에 살고 있다. 다들 인공지능 로봇처럼 친절하지만 온기가 없다. 낯선 이와는 눈도 잘 맞추지 않고 말도 나누지 않는다. 함께 울거나 웃는 일도 드물 것이다. 그러고 싶은 순간들이 있음에도 불구하고 말이다.

    햄스터를 키워야 하나? 회색 아이의 감정의 수도꼭지를 틀어 준 것은 구스타보에 대한 사랑이다. 한 번 터진 감정은 온몸의 솜털을 벌떡 일어나게 하고 머리카락을 곤두서게 해 회색들을 날려 보낸다. 진정한 사랑은 반려동물에 대한 사랑이라는 것을 어느 책에서 읽었는데(조건없는 사랑의 끝판왕) 회색을 털어 낼 수 있다면 햄스터 키우는 것 한번 해 볼 만하다. 우린 아직 완전한 회색이 되지는 않았으니까 희망이 있을 거다. 이 책의 화자가 말한 것처럼 세상에 영원한 건 없다. 회색도 그렇다. 털어 낼 수 있다.

예전에 선생님이 개구리 옷을 입고 들려준 이야기가 떠올라
너무 재미있어서 웃음이 계속 나왔어요.
웃을 때마다 회색 물결이 사방으로 퍼져 나갔지요.
이번에는 학교에 처음 갔던 날 아침이 떠올라 울기 시작했어요.
방울방울 회색 눈물방울이 뺨을 따라 흘러
방바닥으로 떨어졌어요.
그다음에는 소리를 지르기 시작했어요.
메추리를 쫓던 사냥개들이 짖어 대던 게 떠올랐거든요.
소리를 지를 때마다 회색빛 한숨이 따라 나와
창문을 넘어 저 멀리 흘러갔지요.

마지막으로 온몸의 솜털이 벌떡 일어섰어요.
엄마와 함께 갔던 여행에서 보았던 것들이 떠올랐거든요.
머리카락이 바짝 곤두설 때마다
회색 땀방울이 공기 속으로 날아가
순식간에 사라져 버렸지요.

『회색 아이』
루이스 파레 글 | 구스티 그림 | 남진희 옮김 | 불광출판사

세상에 영원한 건 없다. 회색도 그렇다. 털어 낼 수 있다

내 안의 어두운 충동

에밀 졸라의 『인간 짐승』이라는 소설이 있다. 인간 존재의 어두운 내면이 뛰쳐나와 요란하게 울리는 기차의 기적 소리에 맞춰 활개춤을 춘다. 영화 「조커」에서는 불우한 처지의 한 개인이 결국에는 제어할 수 없는 광기에 스스로 잡아먹히는 두렵고 끔찍한 과정이 나온다. 두 작품 다 극히 사실적인 시선을 갖고 있다. 누구나 짐승이 될 수 있고 누구나 광인이 될 수 있음을 암시한다.

광기에 매료될 때가 있다. 텔레비전 드라마에서 시어머니가 며느리에게 (또는 아내가 바람 핀 남편에게) 악담을 퍼부을 때 나는 중얼거린다. '어쩜 저리 찰지게 잘하지? 죽기 전에 나도 한 번 해 보고 싶다.' 하고 싶은 게 또 있다. 책상 위에 어지럽게 놓여 있는 잡동사니를 다 쓸어버리는 것, 아무렇게나 널브러져 있는 옷가지들을 창밖으로 다 던져 버리는 것. 여하튼 나는 성장기에 어머니로부터 욕하는 법은 물론 다 쓸어버리고 던져 버리는 것도 배우지 못했다. 속이 부글부글 끓어오르면 마당으로 나와 호미를 든다.

지난해 초여름, 마당에 불을 피울 수 있는 공간을 만들었는데 덕분에 사람들이 많이 찾아왔다. 어스름 저녁에 고구마와 소시지, 가래떡이 불판 위에 놓이고 이야기와 노래들이 오고 가는데 들뜨고

| **『그림자』** 블레즈 상드라르 원작 | 먀사 브라운 그림

떠들썩한 분위기가 가라앉으면 그다음은 이른바 불멍의 시간. 칠흑 같은 어둠과 고요 속에서, 벌겋게 타오르는 불꽃을 몸이 오슬오슬할 때까지 하염없이 내려다본다. 그러다 장작이 다 타서 잉걸불만 남으면 사람들은 무척이나 홀가분하고 차분한 마음이 되어 슬슬 몸을 일으켰다.

『그림자』라는 책에서 그림자는 『인간 짐승』과 「조커」에서 느껴지는 파괴적 광기뿐만 아니라 길들여지지 않은 우리 내면의 야생성도 띠고 있다. 그것이 무엇이든, 밖으로 나올 기회를 호시탐탐 노리고 있을 어떤 어두운 충동을 인지하는 것부터가 먼저이다. 그래야 관리를 할 수 있다. 가끔 미치광이 춤을 추게 하고 이야기도 들어주고, 들어줄 수 없을 때는 달래서 주저앉히고, 그것도 안 될 때는 그저 잠을 재우는……. 화덕의 불꽃을 질리도록 응시하거나 마당에서 땀 흘리며 호미질을 하는 것에는 다 이런 까닭이 있다.

내겐 그런 게 전혀 없다고? 그러면 됐다. 하지만 내 주변의 어떤 이에게, 또는 나의 공동체에 있을지도 모른다. 그렇지 않다면 "세계는 왜 이토록 폭력적이고 고통스러운가? 동시에 세계는 어떻게 이렇게 아름다운가?"라는 말을 할 수 없다. 한강 작가의 말이다.

집으로 가렴.

불을 피우렴.

다시 한 번 바라보면,

그림자!

그림자는 무엇일까?

타닥거리는 장작에서

튀는 불꽃일까?

불을 밝히렴!

불꽃은 그림자가 없고,

눈도 그림자가 없지만,

그림자는 눈 안에 있단다.

그것은 눈동자!

내쉬는 숨마다 그림자는 살아난단다.

그림자는 놀이,

그림자는 춤.

『그림자』
블레즈 상드라르 원작 | 마샤 브라운 그림 | 김서정 옮김 | 보림

밖으로 나올 기회를 호시탐탐 노리고 있을 어떤 어두운 충동을 인지하는 것부터가 먼저이다.

5부

영영 작별하지 않는 법

영영 작별하지 않는 법 『나비가 찾아왔어』

사랑법은 다르지만 사랑은 다 같다 『사랑한다는 걸 어떻게 알까요?』

외로움이 또 다른 외로움을 만날 때 『안아 줘도 되겠니?』

내일의 집에 살고 있는 우리들 『예언자』

기억나니? 그때 그런 일이 있었잖아 『부엉이와 보름달』

영영 작별하지 않는 법

　나비는 내가 초대할 수 있는 손님이 아니다. 그저 찾아오는 손님이다. 그것도 자기 맘대로 왔다가 자기 맘대로 간다. 아주 잠깐, 내 시야에 머물 뿐이다. 그래서 더 잡고 싶은지 모르겠다.

　아시아의 어느 시골 마을에 사는 남자아이 분은 빨간 나비가 팔랑거리는 것을 보고 잠자리채를 들고 쫓아간다. 하지만 나비는 쉽사리 잡히지 않는다. 약이 바짝 오른 분은 종이상자를 뒤집어쓰고 꽃을 둘러 변장도 하며 이런저런 애를 쓰다가 포기해 버린다. 그러곤 할머니가 새로 꾸민 요에 벌렁 드러누워 눈을 감는데, 바로 그때 나비가 온다.

　이번에 분은 가만히 누워 움직이지 않는다. 간지러워도 참는다. 잠시 앉아 있던 나비가 다시 날아가자 분은 나비에게 다음에 또 놀러 오라고 말한다. 분은 밤에 할머니와 반딧불이를 보러 나갔을 때도 반딧불이를 쫓아다니지 않고 가만히 기다린다. **『나비가 찾아왔어』**란 그림책 이야기다.

　누군가를 (혹은 무엇을) 쫓아다니기 시작하면 평생 쫓아다녀야 한다. 쫓아다니는 기분으로 누군가를 사랑한다면 그 사랑이 편안할까. 그러니 쫓아다니지 말고 기다리자. 쇼파에 길게 누워 낮잠을

『나비가 찾아왔어』 이치카와 사토미 글 그림

자면서 기다리고 힘차게 러닝머신을 타면서 기다리자. 기다리지 않으면서 기다리자. 그러면 온다. 기어이 오고야 만다. 이성부 시인은 「봄」이란 시에서 "기다림마저 잊었을 때 너는 온다."고 했다.

그런데 모처럼 온 그이가 바로 가겠다고? 보내야 한다. 그래야 다시 온다. 그것이 영영 작별하지 않는 방법이다.

"우아, 폭신폭신해!"

분은 팔다리를 쭉 펴고 가만히 눈을 감았어요.

바로 그때,

무언가가 분의 볼을 살살 간질였어요.

빨간 나비였죠.

나비가 다시 찾아온 거예요.

분을 만나려고요!

팔랑팔랑,

귓가에 보드라운 날갯짓이 느껴져요.

분은 다시 눈을 감고 생각했어요.

'이번에는 정말 가만히 있어야지!'

『나비가 찾아왔어』
이치카와 사토미 글 그림 | 조민영 옮김 | 파랑새

모처럼 온 그이가 바로 가겠다고? 보내야 한다. 그래야 다시 온다.
그것이 영영 작별하지 않는 방법이다.

사랑법은 다르지만 사랑은 다 같다

제목은 기억에서 지워졌지만, 문득문득 떠올리게 되는 어느 영화 속 에피소드가 있다. 한 노인이 병이 깊어 침대에서 일어나지 못하는(아마 사람도 못 알아보는 상태일 것이다) 노부인을 사랑한다. 그는 아침이면 거리로 나와 노부인이 누워 있는 방을 올려다보며 '내가 사랑하는 여인이 저기 있구나.' 하는 표정으로 흐릿한 미소를 짓는다. 날마다, 그저 말없이. '노부인이 나를 알고 모르고는 상관없어. 나는 그저 저 여인을 이렇게 사랑하고 있을 뿐이야.'와 같은 말을 속으로 읊조리며.

영화를 처음 보았을 때 나는 이 할아버지의 사랑법에 고개를 저었다. 아니, 뭐라도 해야 하지 않나. 그렇게 거리에서 올려다보지 말고. 하다못해 날마다 꽃을 한 다발 갖다 바치든지(그보다는 갓 끓인 맛난 수프가 더 좋을 것 같지만), 뛰어 올라가 책을 읽어 주든지, 노래를 불러 주든지! 그러면 혹 기적이 일어날 수도 있을 텐데. 수프를 룸서비스 받고 기운이 펄쩍 난 노부인이 벌떡 일어나 앉아서는 아까 불러 준 노래의 음정이 하나 틀렸다고 말할지도 모른다.

기적은 일어나지 않았다. 아무 행동도 하지 않았으니. 그저 나 혼자만 그 장면이 생각날 때마다 '저건 사랑이 아니야. 자기만족이

▎『**사랑한다는 걸 어떻게 알까요?**』린 판덴베르흐 글 | 카티예 페르메이레 그림

야. 누군가를 사랑한다고 믿는 자기 자신을 사랑하는 거지.'라고 탄식했다. 사랑은 그 대상을 이롭게 해야 한다는 것이 내가 신봉하는 사랑의 원칙이다. 나아가 세상을 이롭게 하라는 홍익인간의 큰 뜻을 펼치지는 못한다 해도 최소한 자신이 사랑하는 대상에게 뭔가 이로운 것을 날마다 한 가지라도 해야 하지 않나.

『**사랑한다는 걸 어떻게 알까요?**』는 이런 마음을 무장해제시킨다. 사랑은 무엇을 꼭 해 줌으로써 그것을 증명하지 않아도 된다. 곁에 있는 것만으로, 생각하는 것만으로도 사랑일 수 있다는 것을, 심지어 서로 으르렁대는 것도 사랑이라는 것을 새롭게 깨닫게 되었다.

이 책의 다른 페이지에는 먼저 떠난 영감에게 시를 읽어 주는 할머니가 나온다. 죽은 사람에게도 이렇게 사모의 마음을 전하는데 아직 살아 있는 사람에게 마음을 전할 기회를 놓치지 말아야겠다. 나만의 방식으로! 사랑법은 저마다 다르지만 사랑은 모두 같다. 물을 떠올리는 컵이 다를 뿐, 바닷물은 여기나 저기나 같은 바닷물이다. 일단 다음 글을 따라 써 보자. 다 쓰고 나면 당신의 사랑법을 이어 쓰고 싶을 것이다.

"내가 사랑하는 돌이 곁에 있으면,
난 몸과 마음이 따듯해져요."
돌멩이가 말했습니다.

"내게는 기운이 빠져 힘이 없을 때
내 등을 살짝 밀어 주곤 하는 짝꿍이 있답니다!"
바다가 큰 소리로 말하고는 옆에 있는 바람에게
슬며시 몸을 기댔습니다.

"우린 늘 변함없이 같은 방향으로 떠다니지요."
구름이 멋쩍게 키득거렸습니다.
"심지어는 서로한테 우르릉 쾅쾅 고함을 치고 나서도
우리는 절대 갈라서지 않는답니다."

『사랑한다는 걸 어떻게 알까요?』
린 판덴베르흐 글 | 카티예 페르메이레 그림 | 지명숙 옮김 | 고래이야기

사랑법은 저마다 다르지만 사랑은 모두 같다.

외로움이 또 다른 외로움을 만날 때

치렁치렁한 외투를 입은 웬 거렁뱅이 남자가 마을에 나타나자 조무래기 아이들은 그를 짓궂게 놀린다. 그러다 한 소년이 그의 외투자락을 잡아당기는데 그 바람에 남자는 넘어지고 외투는 벗겨져 하늘로 날아간다. 남자는 천천히 걸음을 옮겨 소년에게 다가간다. 그러곤 널 안아 줘도 되겠냐고 묻는다. 그림책 『안아 줘도 되겠니?』의 내용이다.

하늘로 올라간 외투는 무지개처럼 반짝였다고 하는데 지금 시대의 내가 이 이야기에서 읽은 것은 외로움이다. 이토록 외롭지 않았던 시대에는 가장 낮은 곳으로 임한다는 성경 속 하느님의 존재가 무지개처럼 선명하게 읽혔겠지만 지금 시대 사람들은 하늘에 걸리는 무지개를 올려다보기보다는 어디든 도사리고 있는 다른 이의 외로움을 보지 않으려고 노심초사한다. 다른 이의 외로움은 곧 나의 외로움을 불러내기 때문이다.

하루도 빠짐없이 어느 노숙자 앞을 지나치던 때가 있었다. 전철역에서 나오면 그가 있었고 이곳에서 저곳으로 건너가기 위해서는 꼭 그의 앞을 지나야 했다. 계절과 무관하게 발목까지 내려오는 거무튀튀한 패딩이 그의 몸이고 이불이고 집이었다. 우두커니 앉아

『안아 줘도 되겠니?』 넬리 코드리치 필리피치 글 | 다미얀 스테판치치 그림

있거나 모로 누워 있는 그를 보면 벤치에 붙어 있는 거대한 정물이나, 누가 실수로 놓고 간 짐 덩어리가 연상되었다. 하지만 그는 사람이다. 말을 걸어 볼까? 목이 마르지는 않을까? 요기는 어떻게 하나? 곧 추워질 텐데……. 용기가 없었다. 그의 외로움을 못 본 척했다.

그러던 그가 겨울로 접어들던 어느 날 감쪽같이 사라졌다. 그가 누워 있을 때도 그 앞을 지나치기가 마음 불편했지만, 아무도 없는 빈 벤치를 지나치는 것도 마음이 편치 않았다. 나의 외로움이 대신 거기 앉아 있는 기분이 들었기 때문이다. 아무도 관심을 두지 않은 채 지나치기만 하는 그 벤치 위에. 거렁뱅이 남자에게 말없이 안긴 이야기 속 소년도 외로웠기 때문에 그에게 안겼다는 것을 문득 깨닫는다.

오늘도 벤치를 보고 지나쳤다. 외로웠던 한 사람이 벗어 두고 간 외투처럼 무거워서 날지 못하는 벤치가 내 앞에 놓여 있다. 벤치가 내게 말을 건넨다. 이제라도 안아 줘도 되겠냐고. 외로움이 또 다른 외로움을 만날 때 이렇게 안부 인사를 나눠야겠다. 안아 줘도 되겠냐고. 눈빛으로, 표정으로 서로를 벌써 안아 주면서.

"널 안아 줘도 되겠니?"

당황한 소년은 고개를 끄덕였고 눈을 감았어요.
남자는 소년을 꽉 껴안았어요.
강하지만 따뜻한 포옹 덕분에
분노와 두려움은 눈 녹듯 사라졌어요.
소년도 남자의 따뜻한 품에서
마음이 편안해졌어요.

『안아 줘도 되겠니?』
넬리 코드리치 필리피치 글 | 다미안 스테판치치 그림 | 유수아 옮김 | 국민서관

외로움이 또 다른 외로움을 만날 때 이렇게 안부 인사를 나눠야겠다. 안아 줘도 되겠냐고. 눈빛으로, 표정으로 서로를 벌써 안아 주면서.

내일의 집에 살고 있는 우리들

아이들은 늘 안아 주고 싶은 대상이다. 특히 자기 아이를 안고 있으면 처음부터 우리가 한몸이었던 게 아닌가 할 정도로 합일감이 든다. (사실 엄마들에게는 한몸이었던 게 맞다.) 아이 키우기는 몸도 마음도 고달픈 것이 사실이지만 안아 주고 있을 때만큼은 이 순간이 영원히 지속되리라 하는 소리가 내 안에서 들린다. 팔을 풀어 아이를 자기 가고 싶은 데로 보내 주고 나서도 마음은 그대로이다. 눈에 안 보여도, 같이 살지 않아도 나의 아이들은 보이지 않는 또 하나의 팔다리처럼 내게 붙어 있는 게 느껴진다. 영영 작별하지 않는다는 말을 내 아이에게 적용하면 '한시도 떨어진 적이 없다.'로 달리 들린다. 부모에게 자식이란 이런 존재이다.

칼릴 지브란도 이런 심정을 알기 때문에 『예언자』의 한 챕터에 "그대들의 아이들은 그대들의 것이 아닙니다."로 시작하는 글을 쓴 것이 아닐까? 사랑은 소유가 아니라 존재라는 것을 의식적으로 되뇌도록 말이다. 그러지 않으면 무의식이 내 아이는 당연히 나의 것이라고 세뇌한다. 그러기에 나는 예전에 아이를 키울 때 이 글귀를 일기장 첫 장에 적어서 펼칠 때마다 읽곤 했다. 그 일기장을 다 쓰면 다음 일기장에 또 써 두었다. 나중에는 새 일기장에 쓰지 않아도 일

『예언자』 칼릴 지브란 글 | 안나 피롤리 그림

기장만 펼치면 나의 뇌가 스스로 읽곤 했다. 이렇게 해도 사랑은 존재가 아닌 소유로 넘어가고 소유는 집착으로 재빨리 떨어진다.

그런데 손주를 대하다 보니 이제야 사랑이 존재로 보이기 시작한다. 내가 꿈에서도 찾아볼 수 없는 내일의 집에 살고 있다는 것도 실감된다. 삶은 어제로 돌아가는 법이 없고 어제에 머무르는 법도 없다는 말에도 조용히 수긍하게 되었다. 아이들이 가장 예쁠 때는 곤하게 자고 있을 때라는데 새근새근 잠이 든 손주들을 볼 때 마음이 애잔해지는 것은 곧 떠나보내야 하기 때문이다.

생각해 보면 자기 자녀와도 끝까지 함께하지 못한다. 함께 사는 가족이나 친구도 그럴 것이다. 그 어느 존재와도 끝까지 함께하지 못한다는 사실에 우리는 겸허해질 필요가 있다. 우리가 사랑해 마지않는 모든 이들은 내일의 집, 다른 집, 각자의 집에 살고 있다. 그러므로 우리는 오늘의 집에 함께 살고 있을 때 서로서로 잘해 주자. 사랑은 그것으로 족하다.

"그대들의 아이들은 그대들의 것이 아닙니다.
아이들은 스스로의 삶을 간절히 원하는
생명의 아들이자 딸입니다.
아이들은 그대들을 거쳐 왔지만,
그대들에게서 온 것이 아닙니다.
그대들과 함께 있지만, 그대들의 소유가 아닙니다.
그대들의 사랑을 아이들에게 주되
그대들의 생각까지 주지는 마십시오.
아이들도 그들만의 생각이 있기 때문입니다.
아이들에게 육신의 집을 주되
영혼의 집까지 주려 하지 마십시오.
아이들의 영혼은 그대들이 꿈에서도 찾아갈 수 없는
내일의 집에 살기 때문입니다.
아이들처럼 되려고 애쓰되,
아이들에게 그대들처럼 되라고 강요하지는 마십시오.
삶은 어제로 되돌아가는 법도,
어제에 머무르는 법도 없기 때문입니다."

『예언자』
칼릴 지브란 글 | 안나 피롤리 그림 | 정회성 옮김 | 책읽는곰

그 어느 존재와도 끝까지 함께하지 못한다는 사실에
우리는 겸허해질 필요가 있다

기억나니? 그때 그런 일이 있었잖아

우리 집 다락방도서관에 일박 이 일을 하러 온 아이들과 밤 열두 시에 밖을 돌아다녔던 적이 있다. 부모 없이 자기들끼리만 다락방도서관에서 자고 싶다고 해서 이루어진 일이었는데 나는 밤의 맨얼굴을 봐야 한다며 어둑한 밤으로 아이들 등을 떠다밀었다. 날이 흐려서인지 별도 없고 달도 없었다. 손전등을 들고 내가 앞서고 아이들이 뒤따라 걸었다. 호기롭게 노래까지 부르며. 그런데 마당을 다 내려와 산자락 곁으로 난 좁은 길을 걷는데 한 아이가 소리쳤다. "으악! 저기 뭐가 있는 거 같아!" 이 말에 아이들 모두 집 쪽으로 냅다 뛰는 것 아닌가. 이렇게 밤의 맨얼굴 구경은 종료되었다.

『부엉이와 보름달』에는 부엉이의 맨얼굴을 보러 나서는 아이와 아빠가 나온다. 부엉이를 보고 싶다는 간절한 소망이 추운 겨울밤의 눈 덮인 숲을 오르게 한다. 숲의 빈터에 이르자 아빠는 부우우우우우우우엉 소리 내어 부엉이를 부른다. 잠시 기다렸다가 다시 부우우우우엉....... 마침내 부엉이를 만난다. 그렇게 잠시 부엉이와 서로 바라보며 경이로운 어떤 순간을 맞이한다. 부엉이가 날아가고 아이와 아빠는 집으로 향하면서 부엉이 구경도 종료되었다.

하지만 종료되는 건 시간과 사건뿐이다. 추억은 그때부터 시작

『부엉이와 보름달』 제인 욜런 글 | 존 쇤헤르 그림

이다. 시간과 사건을 공유한 사람들끼리의 기억 속에서 추억은 얼마나 아름답게 재생되는지! 불러낼 때마다 더욱 생생하게, 더욱 소중하게 나타난다.

우리를 영원히 아이로 돌려놓는 것, 우리를 영원히 하나의 끈으로 묶어 주는 것, 그것은 어린 시절의 추억이다. 그 추억 중에서 단연 잊히지 않는 것은 자연 속에 푹 몸을 담갔을 때의 일일 것이다. 자연 속의 경험은 몸과 영혼에 깊숙이 습윤된다. 평생 잊히지 않을뿐더러 한 아이의 자연 감수성을 키우는 데 큰 밑거름이 된다.

그때 다락방에 왔던 아이들은 어느덧 고등학생이 되었다. 이제 곧 성인이 되어 뿔뿔이 흩어질지도 모른다. 그러나 언제든 한자리에 모이면 어깨를 툭 치며 "기억나니? 그때, 그런 일 있었잖아. 다락방도서관에서, 밤 열두 시에……" 하며 웃음꽃을 피우겠지.

부엉이를 보러 갔던 아이도 성인이 되어 아빠(아마 나이가 들어 있겠지)와 이런 얘기를 두런댈지 모른다. 아빠가 "기억나니? 그때, 그런 일 있었잖아……" 하고 말을 꺼내면 아이가 말한다. "추운 겨울밤이었어요. 잠잘 시간도 한참 지난 밤중에……" 내일의 집에는 함께 살 수 없지만 가끔은 그때의 오늘에 머무를 수 있다.

추운 겨울밤이었습니다.
잠잘 시간도 한참 지난 밤중에
아빠하고 나는 부엉이 구경을 나갔습니다.
바람은 불지 않았고,
나무도 거대한 동상처럼
가만히 서 있었습니다.
달빛이 밝아
하늘도 환하게 빛났습니다.
저 뒤쪽 어딘가에서
길고 나지막하게
기적 소리가 들려왔습니다.
슬픈, 슬픈 노래 같았습니다.

『부엉이와 보름달』
제인 욜런 글 | 존 쇤헤르 그림 | 박향주 옮김 | 시공주니어

시간과 사건을 공유한 사람들끼리의 기억 속에서
추억은 얼마나 아름답게 재생되는지!

6부

우리가 떠나온 곳은

어디인지

우리가 떠나온 곳은 어디인지 　『사슴아, 내 형제야』

소로의 세 번째 의자 　『월든』

우리는 누구나 강물처럼 말한다 　『나는 강물처럼 말해요』

스위치로 밤을 켜면 　『밤을 켜는 아이』

당장 나무를 심으러 가야지! 　『나무는 좋다』

책은 이토록 소중한 것 　『꿈을 나르는 책 아주머니』

올바른 행동을 함으로써 　『세 가지 질문』

어렵다고 못 할 건 없잖아 　『세상을 다시 그린다면』

그 무엇에도 지지 않고 　『비에도 지지 않고』

고요하게 지구가 돌기 위해서는 　『그날 아침, 여행이 시작되었습니다』

우리가 떠나온 곳은 어디인지

| 에세이의 문장 |

『사슴아, 내 형제야』에 눈이 멈추면 언제나 마음이 동요되면서 '우리가 떠나온 곳은 어디인지……' 하는 탄식이 나온다. 그림은 눈이 시릴 정도로 수려하고, 글은 한 편의 비장한 시이다. 잘 어우러진 글과 그림은 시베리아 숲으로 사슴 사냥을 나가는 젊은 사냥꾼의 하루를 영화처럼 보여 준다. 그를 따라가다 보면 다른 생명을 죽인다는 것에 대한 두려움과 회한, 그럼에도 아내와 아이를 위해 방아쇠를 당기는 단호함, 사슴의 희생을 헛되게 하지 않으려는 마음이 고스란히 느껴져 나까지 비장해진다.

본질적인 삶이란 이런 것일까. 동물을 형제라고 부르던 시절, 잉여적인 것은 하나도 없는, 그저 기본에 충실한 아름다운 삶! 사냥꾼은 자신의 몸을 내어 준 사슴에게 "고맙다, 내 친구, 내 형제야." 라며 감사를 표한다. 그러곤 사슴의 영혼이 숲의 신령 곁에서 편히 쉬다가 다시 숲으로 돌아오기를 염원한다. 사슴이 자신의 가족들의 생명을 이어 주듯 자신도 사슴의 생명을 다시 이어 주려는 것이다.

책을 덮고 지금 시대로 돌아오면 우리 세대가 동물을 어떻게 대하는지의 문제와 마주앉게 된다. 동물에 대한 무자비한 폭력, 생명에 대한 경시와 냉대가 이제는 일상화되어 있다. 이 책의 사냥꾼이

『**사슴아, 내 형제야**』 간자와 도시코 글 | G. D. 파블리신 그림

우리의 공장식 축사를 둘러본다면 뭐라고 할까.

아주 오래도록 동물은 우리 인류에게 친근한 존재였다. 거의 함께 살았다. 특정 동물을 섬기기도 했고 수호신으로 삼기도 했다. 별자리에도 동물이 등장한다. 종족이나 부족의 이름을 동물로 짓기도 하고 동물 탈을 쓰고 축제를 벌이기도 했다. 하지만 지금은 동물의 대량멸종이 인간에 의해 벌어지고 있다.

동물이 사라지고 있다. 이러다 동물이 한 마리도 남지 않는다면? 생각만 해도 섬뜩하다. 우선은 "사슴아, 나의 아름다운 형제야."로 시작하는 문장을 따라 쓰며 섬뜩함을 떨쳐 내자. 그러곤 밖으로 나가 내 주변의 동물과 식물 들을 형제와 같은 눈으로 둘러보자. 그 생명들의 합체가 바로 자연이다. 아직 시간이 남아 있다. 필요한 노력들을 할 수 있다. 우리가 떠나온 곳으로 조금이라도 돌아갈 수 있다.

사슴아, 아름다운 형제야.
네 영혼은
숲의 신령에게 돌아가
그 곁에서 편히 쉬다
다시 이 숲으로 돌아오겠지.
다시 내 앞에 모습을 나타내겠지.

둥근 달이 떠오르고
강 물결이 은빛으로 부서진다.
부우 부우
올빼미가 운다.

조각배는 강을 내려간다.
조각배는 강을 따라 내려간다.

『사슴아, 내 형제야』
간자와 도시코 글 | G. D. 파블리신 그림 | 이선아 옮김 | 보림

아직 시간이 남아 있다. 필요한 노력들을 할 수 있다.
우리가 떠나온 곳으로 조금이라도 돌아갈 수 있다.

소로의 세 번째 의자

소로가 월든 호숫가에 집을 짓고 쓴 수필이 『월든』이다. 책을 열면 바로 월든 호수가 펼쳐진다. 우리는 호수를 둘러보고 그의 오두막으로 들어간다. 소로는 첫 번째 의자에서 일어나 두 번째 의자를 지나치고 세 번째 의자에 앉기를 청한다. 우리는 세 번째 의자에 앉아 책을 읽다가 문득 그곳이 집 안이 아니라 오두막 뒤꼍의 소나무 숲이라는 것을 발견하고 어리둥절하지만, 그뿐이다. 이미 호숫가 산책을 했고 아예 물로 들어가 물새를 쫓아다녔고 심지어 철새들을 따라 멀리 날기도 했으니까.

소로는 왜 이런 삶을 택했을까. 인간 세상에 대한 환멸? 자연에 대한 무한한 사랑? 아니다. 그는 머리말에 이런 글을 남겼다. "내가 숲으로 들어간 것은 내 나름대로의 인생을 살고 싶었기 때문이다. 이를테면 인생의 본질적인 사실과 정면으로 부딪쳐서 나 자신이 인생의 가르침을 온전히 익힐 수 있는지 확인하고 싶어서였다." 소로는 글을 쓰고 싶었고 그 글이 진실하고 정직한 삶에서 나와야 하기에 월든 호숫가 오두막으로 자기 자신을 몰아붙인 것이다.

그의 오두막에는 앞서 말한 의자가 세 개 있다. 이 의자가 상징하는 바는 자못 원대하다. 첫 번째 의자는 소로 자신의 것으로 자아

『월든』 헨리 데이비드 소로 글 | 지오반니 만나 그림

성찰의 의자이고 두 번째 의자는 멀리서 찾아올 벗을 위한 것으로 우애와 우정의 의자이다. 세 번째 의자는 모르는 사람, 우연히 들른 사람, 또는 동네 사람들, 넓게 보면 타지의 이방인을 위한 환대의 의자이다.

당신의 좁은 방에는 이방인이 앉을 의자가 있는가? 이방인을 자기 방으로 받아들인다는 것은 세상 모든 다양성을 환대하고, 세상 모든 이질성을 인정한다는 것을 의미한다.

방은 수시로 치워야 조금이라도 넓어 보인다. 마음은 더 그렇다. 아무것도 안 했는데(어지르지도 않았는데) 비좁아진다. 마음을 월든 호수처럼 넓게 펼치고 세 번째 의자를 들여놓자. 네 번째 의자도. 네 번째 의자는 집 뒤나 앞에 이끼 카펫을 깔고 들여 놓자. 지구의 모든 생명들이 다 와서 앉을 수 있도록.

집에는 의자가 세 개 있었다.
하나는 고독을 위한 것이고,

또 하나는 우정을 위한 것이며,
나머지 하나는 사람들과 어울리기 위한 것이었다.

나의 가장 좋은 방,
언제든지 손님을 맞을 준비가 되어 있는 응접실은
바로 집 뒤에 있는 소나무 숲이었다.
그곳에는 햇빛도 거의 닿지 않아
아주 보드라운 이끼 카펫이 깔려 있었다.

『월든』
헨리 데이비드 소로 글 | 지오반니 만나 그림 | 정회성 옮김 | 길벗어린이

당신의 좁은 방에는 이방인이 앉을 의자가 있는가?

— 나의 문장 —

우리는 누구나 강물처럼 말한다

― 에세이의 문장 ―

아주 오래전 서울 인사동의 어느 음식점에 사진작가 H씨와 우연히 동석한 일이 있었다. 그와는 초면이었는데 말하는 방식이 무척 독특했다. 말을 재빨리 쏟아내다가 곧 입을 다물어 말을 멈추고, 다시 쏟아내곤 했다. 마치 사진작가가 피사체를 보고 있다가 재빨리 셔터를 누르는 것 같았다. 내가 그렇게 말씀을 드리며 진짜 사진작가라고 엄지척을 하자 좌중의 사람들이 박수를 쳤고, H씨는 자신의 오랜 콤플렉스에서 오늘 해방되었다며 기뻐했다.

『나는 강물처럼 말해요』에는 말을 더듬는 아이가 나온다. 내가 사진작가의 콤플렉스를 해방시킨 것처럼 아이의 아빠는 아이의 콤플렉스를 강물에 풀어놓는다. "강물이 어떻게 흘러가는지 보이지? 너도 강물처럼 말한단다."라고 말하며.

사실 말더듬증은 그저 사람들 차원의 문제이다. 사람의 말소리도 자연의 소리의 일부임을 상기한다면, '강물처럼 말한다.'는 것은 동물을 "사슴아, 내 형제야."라고 부르는 것만큼 아름다운 시적 표현이다. 어떤 사람은 재잘재잘 졸졸졸 말하고, 어떤 사람은 폭포처럼 말하고, 어떤 사람은 잎 사이를 지나는 바람처럼 말한다. 또 어떤 사람은 수탉처럼 말하고(내 남편), 화가 나면 천둥처럼 말하고

『**나는 강물처럼 말해요**』 조던 스콧 글 | 시드니 스미스 그림

(나), 사랑을 속삭일 때는 가르릉가르릉 고양이처럼 말하고(남편이 손녀에게), 어떤 아이는 강물처럼 말한다.

강물은 멈추어 있는 듯 매끄럽게 흐르기도 하고, 광포하게 굽이치며 흐르기도 한다. 좁은 계곡으로도 흐르고 절벽에서 떨어지기도 하며 잠시 숨을 고르듯 고여 있기도 한다. 아이의 아빠가 강물처럼 말한다고 한 것에는 이 모든 굴곡이 다 들어 있다. 하지만 어떻든 흐른다. 아래로 아래로 더 넓은 곳으로. 그렇게 흘러 마침내 바다에 이른다.

우리의 미처 태어나지 못한 언어들, 발설되지 않은 진실, 표현되지 못한 감정들도 지금 강물처럼 흐르고 있지 않을까. 낱말과 문장이 스스로 길을 찾지 못해 격하게 요동치고 있을 때나, 입 밖으로 나올 용기가 없어 입속에서 머뭇대기만 할 때 우리도 강물을 보러 나가야겠다. 어떻게든 흘러 바다에 이르기 전까지, 모두의 마음이 하나가 되기 전까지 우리는 다 강물처럼 말한다.

나는 울고 싶을 때마다

이 말을 떠올려요.

그러면 울음을 삼킬 수 있거든요.

나는 강물처럼 말한다.

나는 말하기 싫을 때마다

이 말을 떠올려요.

그러면 말할 수 있어요.

나는 강물처럼 말한다.

『나는 강물처럼 말해요』
조던 스콧 글 | 시드니 스미스 그림 | 김지은 옮김 | 책읽는곰

어떻게든 흘러 바다에 이르기 전까지,
모두의 마음이 하나가 되기 전까지
우리는 다 강물처럼 말한다.

스위치로 밤을 켜면

『밤을 켜는 아이』에는 밤을 좋아하지 않는 아이가 나온다. 그 대신 아이는 초롱과 램프, 호롱불과 양초, 횃불과 모닥불을 좋아한다. 밤이 되면 절대로 밖에 나가지 않을뿐더러 자기 방에 불을 켜놓고 늦도록 잠을 이루지 않는다. 아이는 외롭고 불행하다. 다른 아이들은 잔디밭에서 즐겁게 뛰노는데 밤마다 어둠을 피해 숨기 바쁘기 때문이다. 그런 아이에게 어느 날 온통 까맣기만 한 어둠이 찾아온다. 어둠은 밤한테 인사를 시켜 준다며 스위치로 불을 끄게 하고는 이것이 밤을 켜는 방법이라고 말한다. 스위치로 밤을 켜면, 귀뚜라미 소리도 켜고 개구리 소리도 켜고 별도 켜는 거라고 말해 준다. 가장 중요한 메시지는 우리들 맘대로 밤을 켜고 끌 수 있다는 것이다.

시골로 이사 와서 가장 좋은 것이 밤의 맨얼굴을 볼 수 있다는 거다. 그 어둠이 얼마나 좋은지……. 빛에 여러 스펙트럼이 있듯이 어둠도 완전 깜깜한 것부터 여명 전의 희뿌연 상태까지 감상할 게 많다. 어스름도 좋고 한 치 앞도 안 보이는 밤도 좋다. 밤에 나가서 핸드폰 불빛을 켜고 지구의 순찰병처럼 마당을 한 바퀴 돌고 오는 일이 내겐 큰 기쁨이다. 집 안에도 불을 다 꺼둔다. 전등뿐 아니라 콘센트 불빛도 없다(전기밥통 불빛을 제외한다면). 그래야 밤이기

『밤을 켜는 아이』 레이 브래드베리 글 | 리오 딜런, 다이앤 딜런 그림

때문이다.

　낮에는 대기권에 갇혀 있지만 밤에는 우주에 있는 기분이 든다. 밤이 되면 대기권이 뻥 뚫려 지구가 크게 숨을 들이마시고 내쉬는 뭐 그런 상상. 상상일 뿐이다. 우주에는 공기가 없으므로 지구는 대기권 안에서만 숨쉴 수 있다. 그러나 별이 내 눈에 들어오는 건 어두운 밤에만 가능하니 밤은 아름다운 우주 공간이다. 어떻든 나는 밤이 되면 숨쉬기가 좀 편해지는 느낌이다.

　어른이 되어서도 밤이 무섭고 두려운 사람은 거의 없겠지만 만약 조금 그런 마음도 있다면 이 책을 읽어 보기를. 무섬증을 밀어내면서 한 자 한 자 따라 쓰기를. 나처럼 밖에 나가 밤을 누비며 다녀 본다면 더욱 좋겠다. 원래 밤이 먼저다. 그렇지 않을까? 밤이 꺼진 상태가 낮이다.

둘은 계단을 오르내리며
스위치로 밤을 켰지요.
어둠을 켰지요.
개구리가 살아나게,
별이 살아나게,
달이 살아나게,
밤마다 밤이 살아나게 했어요.
그리고 둘은 귀뚜라미 소리를 켰어요.
개구리 소리도 켜고,
하얀 아이스크림 달도 켰어요.

『밤을 켜는 아이』
레이 브래드베리 글 | 리오 딜런, 다이앤 딜런 그림 | 이상희 옮김 | 국민서관

원래 밤이 먼저다. 그렇지 않을까?
밤이 꺼진 상태가 낮이다.

당장 나무를 심으러 가야지!

『**나무는 좋다**』는 참 사랑스러운 책이다. 나중에 죽으면 나무로 태어나고 싶은 마음이 들 정도로. 나무가 좋은 이유는 이렇다. 나무는 하늘을 한가득 채운다. 옳은 말씀이다. 나무는 그네를 매달 수 있어서 좋다. 정말 옳다. 나무는 그늘이 있어서 좋다. 지당하고 지당한 말씀이다.

그중에서 나의 마음을 가장 들뜨게 한 것은 "나무는 심을 수 있어서 좋다."이다. 나무를 심으면, 자라고 자라서 다른 사람에게 "저 나무는 내가 심은 거야."라고 말할 수 있어서 좋다는 것. 이 책을 읽고는 '당장 나무를 심으러 가야지!' 하는 마음으로 설레다가 용인 시골로 이사하고(나무를 심고), 더 넓은 땅을 원해 충주로 왔다(나무를 심었다). 이후 계속 나무를 심고 나무에게 물을 주고 나무에 그네를 걸고 나뭇가지에 옷이나 모자를 걸어 놓고 나무 그늘에 앉아 하늘을 올려다본다.

해마다 봄이면 나무를 심는다. 최근에 심은 나무는 서부해당화, 비타민나무, 깨죽나무, 국화목련, 분꽃나무, 국화도화, 화살나무, 목련나무……. 해마다 심는데 왜 해마다 심을 것이 생기는지 내가 생각해도 이상하다. 이렇게 (생각 없이) 심어 놓으면 나중에 너무

『나무는 좋다』 재니스 메이 우드리 글 | 마르크 시몽 그림

빽빽해서 베어 내야 한다고 동네 스님이 충고했지만 그래도 내 눈에는 나무 심을 빈구석이 보인다.

이 책이 화제에 오르면 내가 꼭 하는 얘기가 있다. 삼십 년 전쯤의 일이다.

나 : 아, 정말 나무는 좋다. 진짜 좋다. 나도 딸만 낳지 말고 나무도 낳을걸.

두 딸 : (놀란 얼굴로 내가 앉아 있던 소파에 올라와 내 양옆에 앉으며) 무슨 책이야? 그거 읽어 줘.

(내가 책을 다 읽어 주자 큰애 해빈이가 입을 비쭉인다.)

해빈 : 흥! 나무만 좋은가? 딸도 좋지.

나 : 그래? 딸이 뭐가 좋은데?

해빈 : 뭐. 심부름도 할 수 있고 목욕탕에 같이 갈 수 있어서 좋고.

나 : 그러네. 딸도 좋네.

이렇게 말을 주고받다가 나의 책 『딸은 좋다』의 초기 원고가 만들어졌다. 어쨌든 나무는 좋다. 딸도 좋고 아들도 좋다. 손주가 가장 좋다. 자라기 때문에 좋다.

나무는 심을 수 있어서 좋다.
커다랗게 구덩이를 파고
그 안에 작은 묘목을 넣는다.
그리고 물을 흠뻑 주고 흙을 덮는다.
삽은 창고에 도로 걸어 둔다.

해가 가고 또 해가 가고 또 해가 가면서
나무는 조금씩 자란다.
나무를 심은 아이는
"저 나무는 내가 심은 거야." 하고 말한다.

다른 아이들도 나무가 심고 싶어져서
집으로 가서
저희들도 나무를 심는다.

『나무는 좋다』
재니스 메이 우드리 글 | 마르크 시몽 그림 | 강무홍 옮김 | 시공주니어

나무는 좋다. 딸도 좋고 아들도 좋다.
손주가 가장 좋다. 자라기 때문에 좋다.

— 나의 문장 —

책은 이토록 소중한 것

나무가 좋은 또 하나의 이유는 나무로 책을 만들 수 있어서이다. 나무가 없었다면 이 많은 책들이 어떻게 세상으로 나올 수 있었겠는가. 책은 나무에게서 나왔다. 나무의 희생으로. 그런데 책을 아무도 읽지 않는다면, 아니 책을 도저히 접할 수 없는 곳이라면…….

1930년대 미국 루즈벨트 대통령은 도서관 사서들이 학교도 없고 도서관도 없는 애팔래치아 산맥 주변의 가정들을 격주로 방문해 책을 빌려주고 돌려받은 정책(Pack Horse Librarians)을 폈다. 『꿈을 나르는 책 아주머니』는 이때의 일을 담고 있는데, 말이나 노새에 책 꾸러미를 싣고 눈이 오나 비가 오나 산길이든 허허벌판 길이든 곳곳에 흩어져 있는 오지의 집들을 찾아다니는 일이니 참으로 훌륭한 정책이고 감동스러운 일이다.

그나저나 책 아주머니들, 무척이나 용감하다. 책 꾸러미를 어깨에 메고 나설 때 "그럼 제 목숨은 잠시 옷걸이에 걸어두고 씩씩하게 다녀오겠습니다."라고 말하며 말에 올라탔을 거다. 온 세상이 할아버지 수염처럼 하얗게 변하고 한밤중에 도둑고양이가 울어대듯 바람이 힘차게 울어 아무도 찾아오지 못할 날에도 어김없이 유리창을 두드리는 똑똑똑 소리! 이런 책 아주머니를 보며 책이란 하나

『꿈을 나르는 책 아주머니』 헤더 헨슨 글 | 데이비드 스몰 그림

같이 쓸데없다고 여기던 농부 소년이 의문을 갖게 된다. '이런 어려움을 무릅쓰고 오는 이유가 무엇일까?' 책 아주머니 덕분에 문맹을 탈출하고 지식과 지성의 세계로 들어선 아이들이 얼마나 많을지. 책은 이토록 소중한 것이기에 책을 읽을 기회는 평등하게 주어져야 한다.

또 한 명의 용감한 여성, 옐라 레프만이 떠오른다. 그의 자서전 『어린이 책의 다리』를 보면 옐라 레프만이 패전 후의 독일에서 아이들 손에 책을 들려 주기 위해 얼마나 헌신적으로 일했는지 알 수 있다. 최초로 뮌헨에 국제어린이도서관을 열었고 1953년 국제아동청소년도서협의회(IBBY)를 설립한 인물이다. 엘리노어 루즈벨트와의 일화도 종종 나오는데 그녀는 옐라 레프만의 활동에 큰 지지와 지원을 보냈다. 혹시 '책 아주머니 정책'도 엘리노어 루즈벨트의 아이디어가 아닐까? 지금은 책이 넘쳐 나지만 그 어려웠던 시절만큼 책을 읽지 않는다. 나무들에게 미안할 따름이다. 한 자 한 자 따라 쓰며 나무와 책에게 고마움을 전하자. 따라 쓰는 것도 읽는 것이다. 눈으로 읽고 손으로 다시 읽고.

난 잠시 가만히 서서

책 아주머니가

저 멀리 사라지는 모습을

지켜보고 있다.

머릿속에는 생각이

창밖의 눈보라처럼

막 소용돌이친다.

말만 용감한 게 아닌 것 같다.

말에 탄 사람도 용감하다.

책 아주머니가

이런 어려움도 무릅쓰고

오는 이유가 무엇일까.

갑자기 알고 싶다.

『꿈을 나르는 책 아주머니』
헤더 헨슨 글 | 데이비드 스몰 그림 | 김경미 옮김 | 비룡소

/   /

한 자 한 자 따라 쓰며 나무와 책에게 고마움을 전하자.
따라 쓰는 것도 읽는 것이다. 눈으로 읽고 손으로 다시 읽고.

― 나의 문장 ―

올바른 행동을 함으로써

좋은 사람이 되고 싶은 니콜라이! 세 가지 질문을 가슴에 품고 있다. 그 답을 알아야 올바른 행동을 하고, 그래야 좋은 사람이 될 수 있을 테니까. 그 세 가지 질문은 가장 중요한 때는 언제일까, 가장 중요한 사람은 누구일까, 가장 중요한 일은 무엇일까이다.

니콜라이는 동물 친구들에게 물어보지만 제각각 답이 달라 거북이 레오 할아버지를 찾아간다. 거기서 레오 할아버지의 밭일을 돕고, 세찬 소나기 속에서 판다를 구하고, 잃어버린 판다의 아기까지 구해 온다. 마음은 흡족하지만 여전히 궁금증이 안 풀린 니콜라이가 세 가지 질문을 다시 하자, 레오 할아버지는 이미 답을 알지 않냐고 하는데…….

이것이 『세 가지 질문』의 줄거리이다. 톨스토이는 『안나 카레니나』, 『부활』, 『이반 일리치의 죽음』 등 여러 편의 명작으로 당대와 후세 사람들에게 삶의 의미를 곱씹게 했는데 일흔의 나이에 이르자 정작 그는 자신의 작품이 사람들에게 무슨 소용이 있을까 탄식했다고 한다. 그래서 주제가 좀 더 분명히 드러나는 작품을 쓰고자 마음먹었고 그렇게 나온 것 중 하나가 이 책이다. 철학 경전 같기도 하고 우화 같기도 한데, 아마도 톨스토이는 "이게 내 작품 모두를 관통하

『세 가지 질문』 레프 톨스토이 원작 | 존 무스 글 그림

　는 주제입니다."라고 말하고 싶었을지도 모른다.

　　레오 할아버지의 답은 이거다. 가장 중요한 때는 지금 이 순간, 가장 중요한 사람은 지금 너와 함께 있는 사람, 가장 중요한 일은 그 사람을 위해 좋은 일을 하는 것! 가장 중요한 때가 지금이라는 건 당연하다. 모든 철학자와 선각자들이 그렇게 말한다. 그런데 가장 중요한 사람이 자기 자신이 아니라 지금 나와 함께 있는 사람이라니. '내가 있으니 당신이 있다.'가 아니라 '당신이 있으니 내가 있다.'는 식의 다분히 동양적인 색채가 느껴진다. 마지막 대답도 되뇌일 필요가 있다. 내 곁에 있는 사랑하는 존재, 소중한 존재를 위해 좋은 일을 하는 것이 이 세상에서 가장 중요한 일이란 말씀! 생각해 보니 나라를 구하러 나가는 그 거창한 일도 긴 안목으로 보면 곁에 있는 사람을 위해 좋은 일을 하는 거다.

　　오늘은 내 곁에 있는 사람을 위해 좋은 일을 한 가지 할지어다. 그것이 가장 중요한 일이기에. 좋은 일은 바로 지금 이 순간에 하자. 지금 이 순간이 가장 중요한 때이므로. 우리 어른들도 좋은 사람이 되고 싶지 않은가. 올바른 행동을 함으로써.

"기억하렴.
가장 중요한 때란 바로 지금, 이 순간이란다.
가장 중요한 사람은 지금 너와 함께 있는 사람이고,
가장 중요한 일은 지금 네 곁에 있는 사람을 위해
좋은 일을 하는 거야.
니콜라이야. 바로 이 세 가지가
이 세상에서 가장 중요한 것들이란다."

"그게 우리가 이 세상에 있는 이유야."

『세 가지 질문』
레프 톨스토이 원작 | 존 무스 글 그림 | 김연수 옮김 | 달리

가장 중요한 때는 지금 이 순간, 가장 중요한 사람은 지금 너와 함께 있는 사람, 가장 중요한 일은 그 사람을 위해 좋은 일을 하는 것!

어렵다고 못 할 건 없잖아!

아이들이 세상을 다시 그리겠다고 한다. 그림책처럼 아름답게 색칠할 수 있는 세상, 목마름과 굶주림이 없는 세상, 경쾌한 폴카를 추는 세상, 끈 끊어진 연처럼 어디든 자유롭게 날아다닐 수 있는 세상 등등을. 어른들은 말린다. 세상은 절대 그렇지 않다고. 아름답게 색칠을 하고 싶겠지만 세상은 이미 회색빛이고 회색에 만족해야 한다고. 목마름과 굶주림이 없는 세상을 만들고 싶겠지만 배고픈 이에게 차가운 뒷모습을 보이는 게 세상이라고. 자유롭게 날아다니고 싶겠지만 세상은 끈으로 꼭 묶여 있어야 한다고.

『**세상을 다시 그린다면**』의 저자는 어른들이 망쳐 놓은 세상을 다시 그리는 게 아이들의 할 일이라고 말한다. 쉬운 일은 아니지만 "뭐 어때. 어렵다고 못 할 건 없잖아!"라는 말로 용기를 북돋운다.

맞는 말이다. 흥미로운 사실은 실제로 세상이 조금씩 앞으로 나아가고 있다는 것이다. 굶주리는 사람들이 과거보다 줄고 있고 내전이나 전쟁 횟수도 줄었다. 불평등도 전 지구적으로 보면 그전에 비해 줄었다. 정말일까 의심스럽다면 『팩트풀니스』(한스 로슬링 외 지음)를 찬찬히 읽어 보기를. 물론 기후변화, 환경오염과 핵전쟁 위험은 인류에게 새로 대두된 사안이다. 몹시 심각하고 급박한 문제임

『**세상을 다시 그린다면**』 다니엘 피쿨리 글 | 나탈리 노비 그림

에는 틀림없지만 그렇다고 전혀 손쓸 수 없는 건 아니다.

어떤 문제든 부정의 마음에서 출발하지 말아야 한다. 좌절감이나 패배감이 아닌 긍정의 마음으로 세상을 둘러보면 조금이라도 앞으로 나아가고 있음을 알게 된다. 우리 다음 세대들이 세상을 뒤에서 밀고 있기 때문이다.

이 책의 모든 문장을 나는 다 따라 쓰고 싶다. 그중에서 '야생마'가 나오는 문장만큼은 놓칠 수가 없다. 우리 세대가 야생마를 길들이려고 재갈을 물리고 박차를 가하고 채찍질을 했다면, 이 세대는 야생마를 쓰다듬으며 "너와 나, 우리 둘이 달리면 세상은 훨씬 더 넓어질 거야."라고 다정하게 말한다. 다음 세대, 그다음 세대, 그 다음다음 세대들이 야생마를 타고 "이랴!" 하고 외치며 질주하는 모습이 눈에 보인다. 이들에게 떠밀려 우리도 앞으로 나아간다. 어렵다고 못 할 건 없다. 세상을 구하러 나가자.

그러면 사람들은 틀림없이 안 된다고 소리치겠지.
세상은 절대 그렇지 않다고.
세상은 길들여지지 않으려고 뒷발로 버텨 서서
불쾌하다는 듯 히이힝거릴 거라고 말이야.
야생마를 달리게 하려면
재갈을 물리고,
박차를 가하고,
채찍질을 해야 한다고 할 거야.

하지만 내 생각은 달라.

내가 만일 세상을 다시 그린다면,
그냥 말 위에 훌쩍 올라타서
힘차게 앞으로 달려 나갈 거야.
이랴!

『세상을 다시 그린다면』
다니엘 피쿨리 글 | 나탈리 노비 그림 | 김주경 옮김 | 이마주

/   /

긍정의 마음으로 세상을 둘러보면 조금이라도 앞으로 나아가고 있음을 알게 된다. 우리 다음 세대들이 세상을 뒤에서 밀고 있기 때문이다

그 무엇에도 지지 않고

에세이의 문장

　세상을 구하러 나가려고 현관문을 열었는데 비가 온다. 그런데 우산이 없다. 어떡하지? 걱정할 것 없다. 이럴 때는 우산 대신 「비에도 지지 않고」란 시를 읊조리며 씩씩하게 걸음을 내딛자. 그까짓 빗방울 하나에 돌아선다면 어떻게 세상을 구하겠는가. 바람도 분다고? 바람에도 지지 않으면 된다. 어깨를 쭉 펴고 등을 바로 세우며 호기롭게 나아가기를. 미야자와 겐지의 **『비에도 지지 않고』**를 읽으면 이런 기분이 든다.

　정원 일을 하다 보면 가랑비쯤은 "이까짓 것!" 하게 된다. 사실 아주 맑은 날보다는 우중충한 날이 흙일하기가 더 좋다. 호미도 쑥쑥 잘 들어가 무언가를 새로 심거나 옮겨 심을 때는 일부러 비 오는 날에 한다. 그렇다면 세상을 구하는 일은 어떤 일일까. 정치가나 되거나 사회운동가가 되어야 할까. 그것이 가장 빠른 길이겠지만, 이름 없는 민초로서 자기 몫의 사회적 일을 수행하며 사는 것도 그에 못지 않은 일이라 생각한다.

　『은하철도의 밤』(애니메이션 「은하철도 999」는 이 작품에서 영감을 얻어 탄생했다)으로 유명한 미야자와 겐지도 그렇게 살지 않았을까. 시골에 묻혀 농사일을 하면서 동쪽에 아픈 아이 있으면 돌

『비에도 지지 않고』 미야자와 겐지 글 | 유노키 사미로 그림

보고 서쪽에 지친 어머니 있으면 볏단을 날라 주고 남쪽에 죽어가는 사람 있으면 두려워하지 말라 말하고 북쪽에 싸움이나 소송 있으면 별것 아니니까 그만두라 말하는 삶을. 남에게 칭찬도 받지 않고 비난도 받지 않는 삶을.

생각은 거시적으로 하고 행동은 미시적으로 하라는 말이 있는데 주위를 둘러보면 정말이지 미시적으로 세상을 구하고 있는 사람들이 더러 있다. 보이지 않게 헌신하고 바르게 생각하고 옳은 것을 말하고 싸움을 중재하는 이들이 파수꾼처럼, 어두울 때 반짝 하고 켜지는 가로등처럼 존재한다. 이런 사람들이 많아지면 세상은 더 살기 좋아진다. 이런 사람들이 줄어들면 세상은 거칠고 살기 힘들게 된다. 나비 한 마리의 날갯짓이 세상을 변화시킨다는데 좋은 사람들의 선한 영향력은 얼마나 큰 힘이 될까.

첫 번째 산을 넘었다면 이제 두 번째 산을 넘을 차례다(데이비드 브룩스의 『두 번째 산』을 읽어 보길). 두 번째 산을 넘는 삶은 자기 집이 아닌 자기 동네의 동쪽과 서쪽, 남쪽과 북쪽에 있다. 시야를 넓게 거시적으로! 그러면 내가 할 일이 보인다. 당장 무얼 해야 할지 모르겠다면 이 시를 따라 쓰며 마음을 경건히 하자.

비에도 지지 않고

바람에도 지지 않고

눈에도

한여름 더위에도
지지 않는

튼튼한 몸을 갖고

욕심은 없이
결코 화내지 않으며
언제나 조용히
웃고

하루에 현미 네 홉과

된장과

채소를 조금 먹고

세상 모든 일에

내

잇속을 따지지 않고

(……)

그런 사람이

나는 되고 싶다.

『비에도 지지 않고』
미야자와 겐지 글 | 유노키 사미로 그림 | 박종진 옮김 | 여유당

어깨를 쭉 펴고 등을 바로 세우며 호기롭게 나아가기를.

고요하게 지구가 돌기 위해서는

여느 날과 다름없는 아침이다. 도시는 이미 깨어나 바삐 움직이고 '나'도 일어나 늘 먹던 대로 아침 식사를 한다. 하지만 부엌 창가에 섰을 때 '나'는 떠나야 한다고 생각한다. 그림책 『**그날 아침, 여행이 시작되었습니다**』의 이야기이다. 그다음은 "나는 계속 걸었습니다."로 시작하는 장면들이 이어진다. 까마귀처럼 까만 바다도 지나고 강가 우거진 숲도 지나고 어느 마을도 지난다. 그러다가 여느 날과 다름없는 아침에 '나'는 걸음을 멈춘다. 돌아갈 때가 되었다고 생각했기 때문이다. 마지막 페이지는 "나는 돌아왔습니다."로 시작해 "고요하게 지구가 돌고 해가 졌습니다."로 끝이 난다.

진정한 여행자는 오직 떠나기 위해서 떠나는 자들이라고 프랑스의 시인 보들레르가 말했다. 이 책의 주인공도 목적지를 정하지 않고 어느 날 문득 떠난다. 과거에서 잔뜩 싸 들고 온 물건들이 하나씩 없어진다는 것은 삶에 대한 달라진 태도와 마음의 은유이다.

고요하게 지구가 돌고 해가 지는 것을 감상하기 위해서라도 우리는 떠나야겠지만 여행에는 이타적 이점도 있다. 이웃들에게 여행 이야기를 들려줄 수 있다는 것(얼마나 값진 것인지), 그리고 배낭에 넣어 가져온 다른 곳의 씨앗들이다. 씨앗이라니! 추억도 이와

『그날 아침, 여행이 시작되었습니다』 바루 글그림

같지 않을까? 씨앗은 이 땅에서 자라나고 추억은 그리움 속에서 더 깊어진다. 이렇게 되면 여행은 과거에서 현재를 지나 미래로 이어지게 된다.

사실 여행의 끝은 똑같은 곳으로 돌아오는 게 아니다. 우리는 똑같은 곳이지만 다르게 보이는 곳에 도착한다. 우리의 눈과 마음이 이미 달라졌기 때문이다. 여행 가방을 꾸리고 싶은가. 우선은 이 책의 마지막 글을 따라 쓰며 여행을 떠나고 싶은 기분을 느껴 보기를. 무언가를 하고 싶은 기분은 정말 중요하다. 우리가 살아 있음을 느끼게 한다. 부디 살아 있자. 하고 싶은 기분, 쓰고 싶은 기분과 함께.

그래서 나는 돌아왔습니다.

모든 게 그대로였고

변한 건 하나도 없었습니다.

나는 차를 팔고

자전거를 샀습니다.

이웃들에게 여행 이야기를 들려주었습니다.

배낭 속에서 씨앗들을 발견해

이웃들과 함께 심었습니다.

그리고 씨앗이 자라는 걸 바라보며

이야기를 나누었습니다.

고요하게 지구가 돌고

해가 졌습니다.

『그날 아침, 여행이 시작되었습니다』
바루 글그림 | 염명숙 옮김 | 여유당

여행의 끝은 똑같은 곳으로 돌아오는 게 아니다.
우리는 똑같은 곳이지만 다르게 보이는 곳에 도착한다.

나의 문장

글 채인선

어린이책 작가 채인선은, 충주 산골짝에 작은 집을 짓고 '이야기 정원'에
나무를 심고, '다락방 도서관'을 열어 나무와 책과 함께 살고 있습니다.
30여 년 동안 60여 권의 어린이 책을 집필하며 어린이들과 함께하고 있지요.
저자는 좋은 그림책을 통해 쓰기 명상을 하고 자신만의 글쓰기를 찾아가는 기회가
어른들에게도 필요하다며, 『쓰고 싶은 기분』을 집필하는 동안
설렘 가득했다고 말합니다.